Zeitreise in die Welt der Kolonialzeit

barbusige Frauen aus aller Welt bei der täglichen Arbeit

Jürgen Prommersberger: Zeitreise in die Welt der Kolonialzeit
Regenstauf , Januar 2016

Erstauflage
Herstellung: CreateSpace Independent Publishing Platform

Bilder aus Afrika

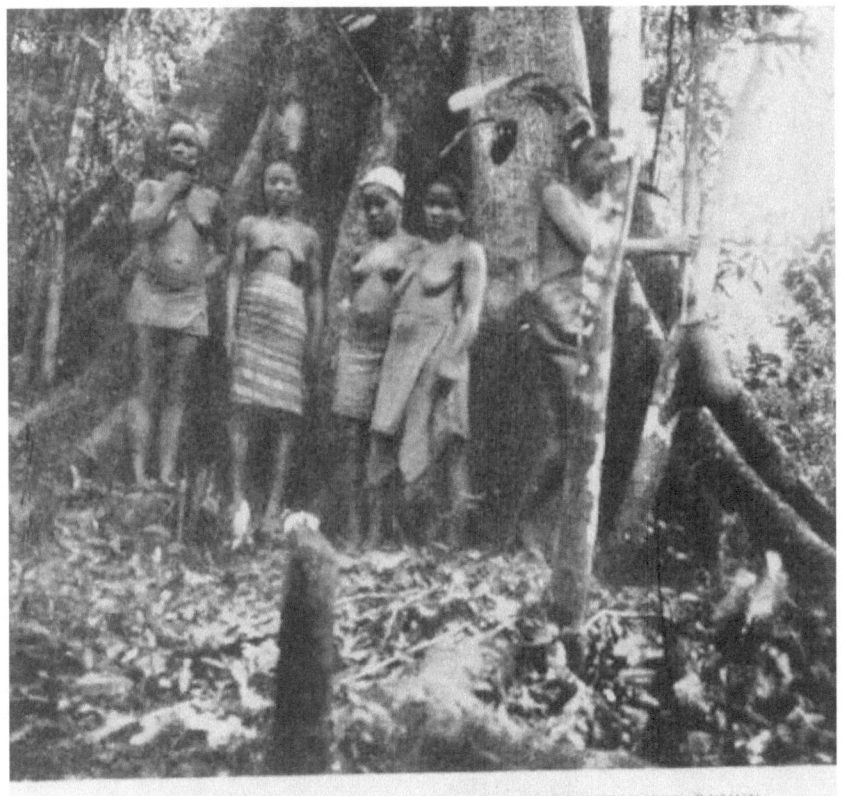

210. THE BASE OF A FOREST TREE, TO SHOW BUTTRESSED TRUNK

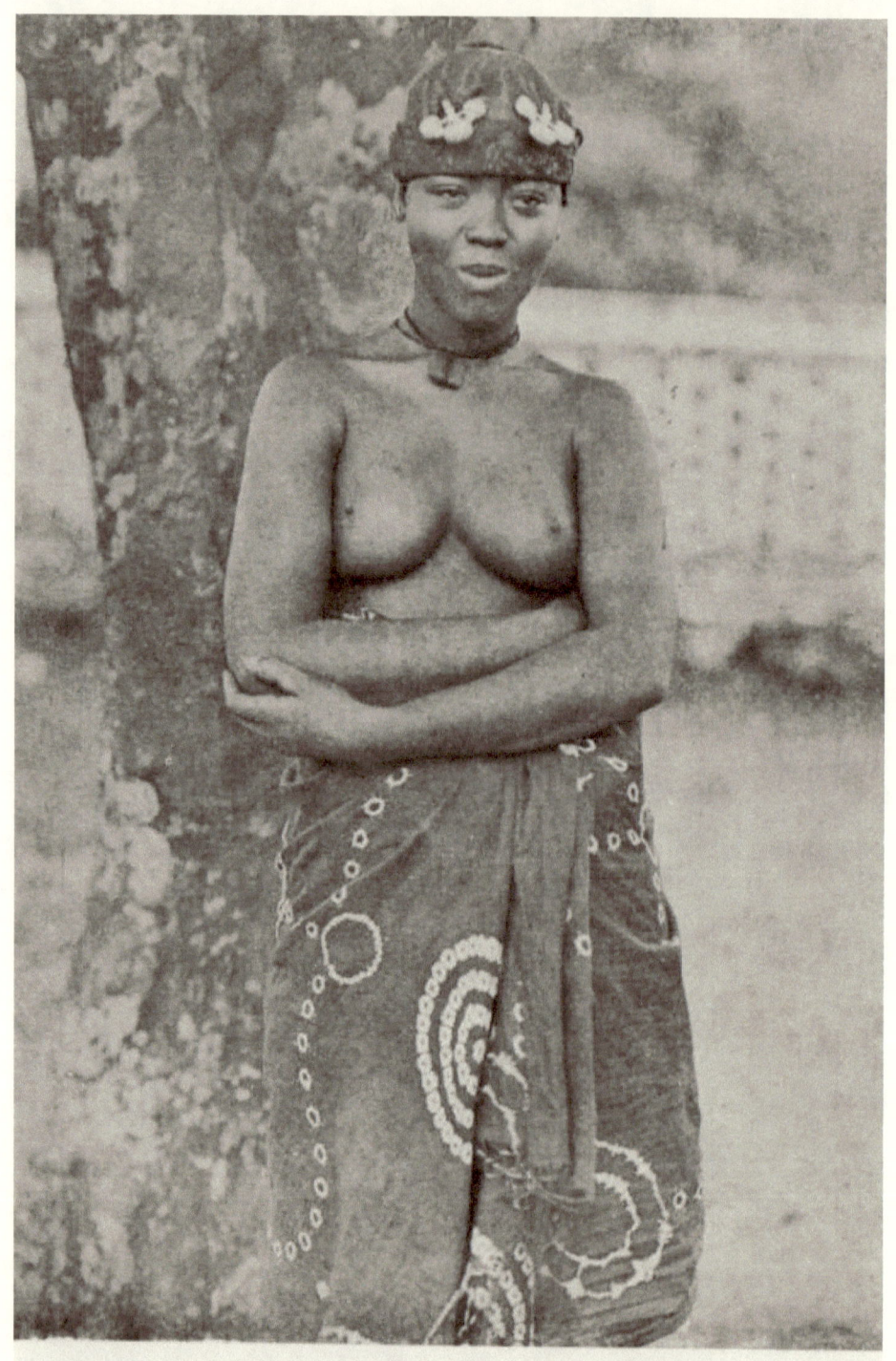

373. A VAI WOMAN WITH SILVER HEAD ORNAMENTS

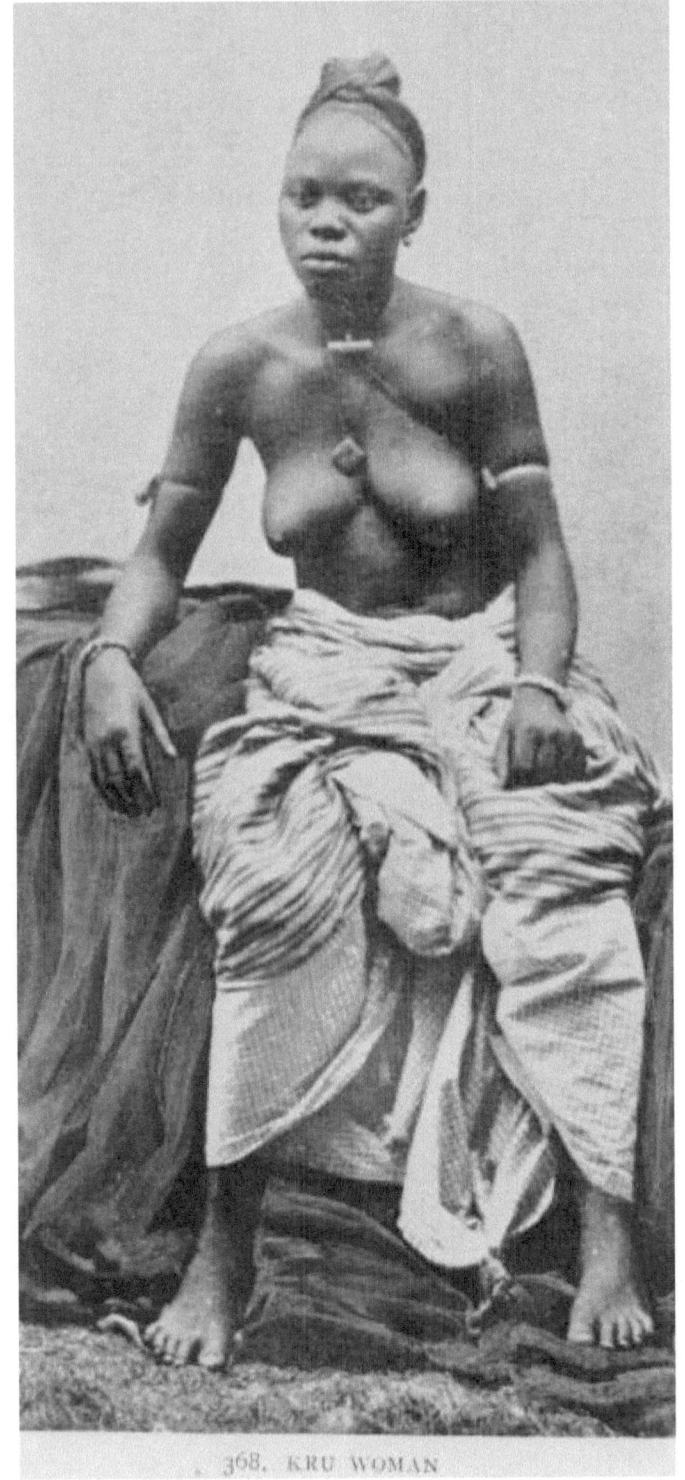

368. KRU WOMAN

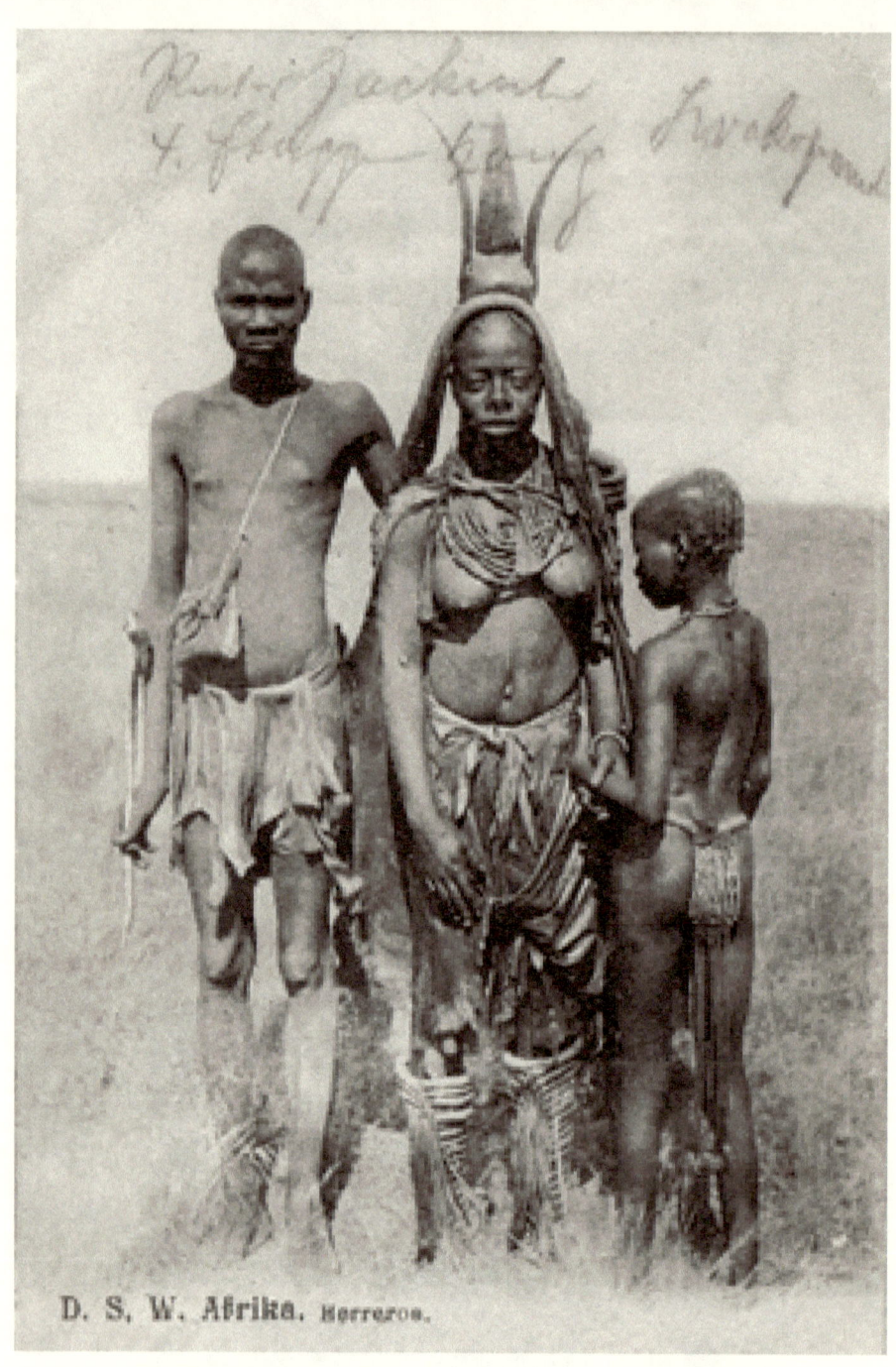

D. S. W. Afrika. Hereros.

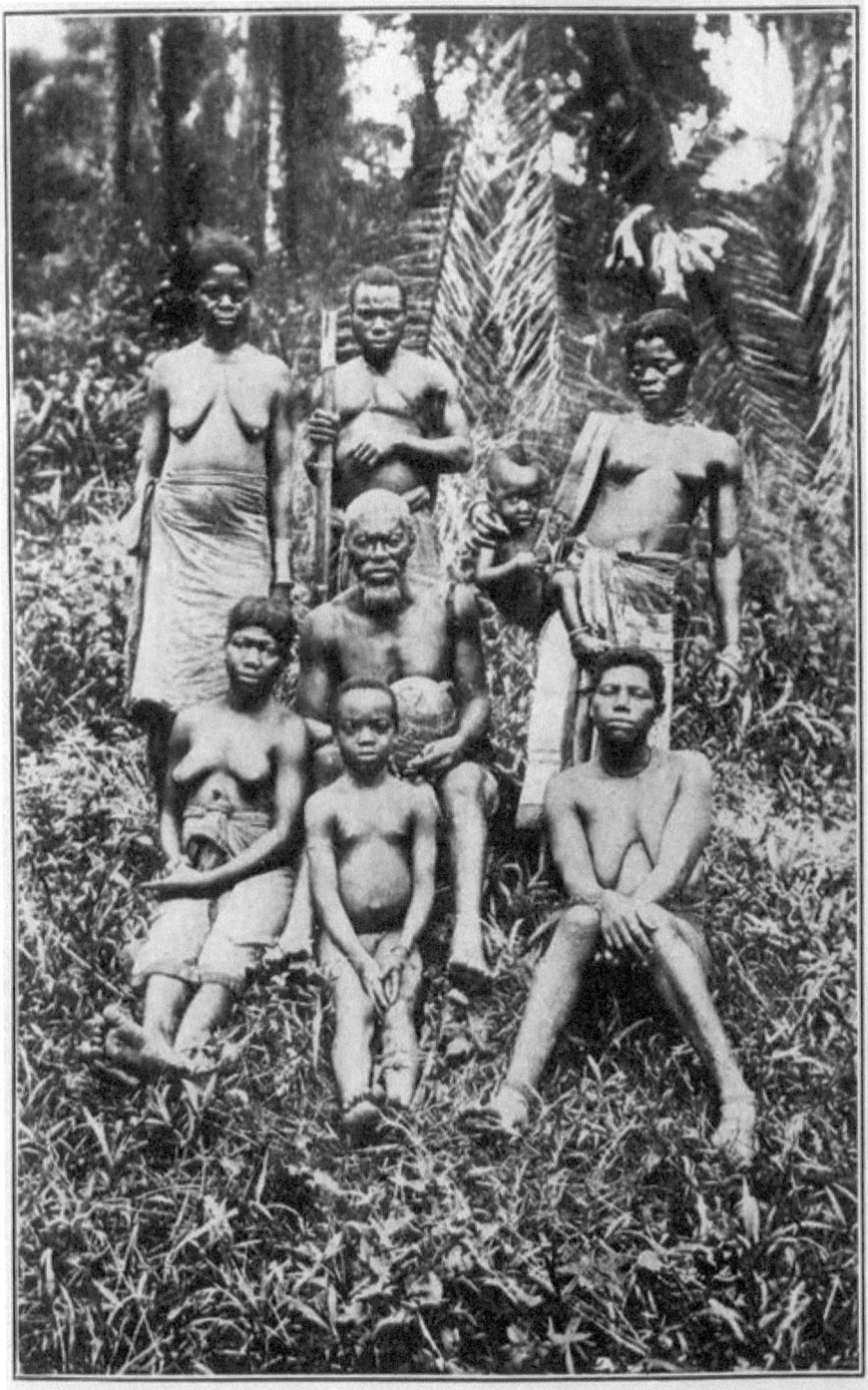

A FANG FAMILY.

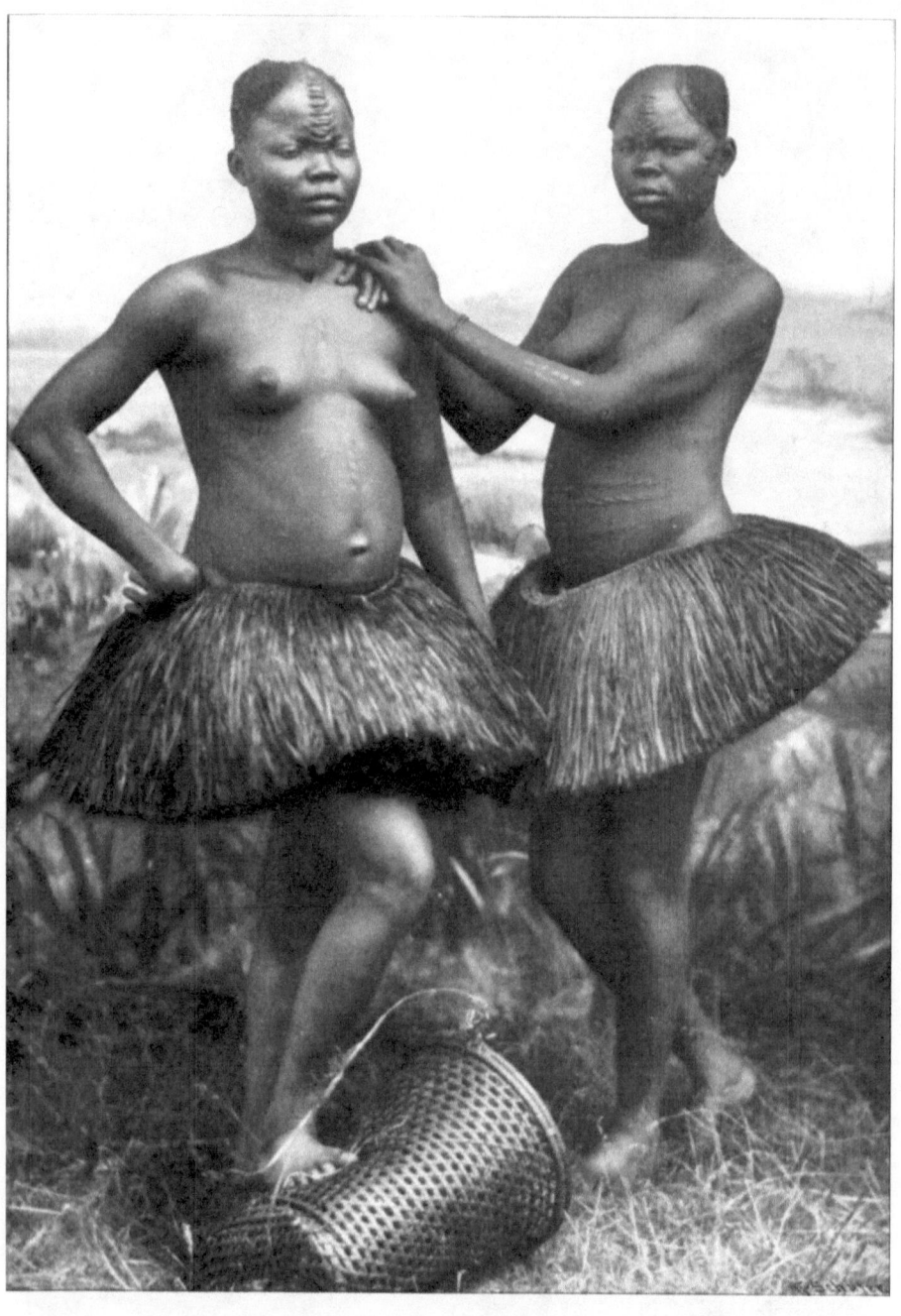

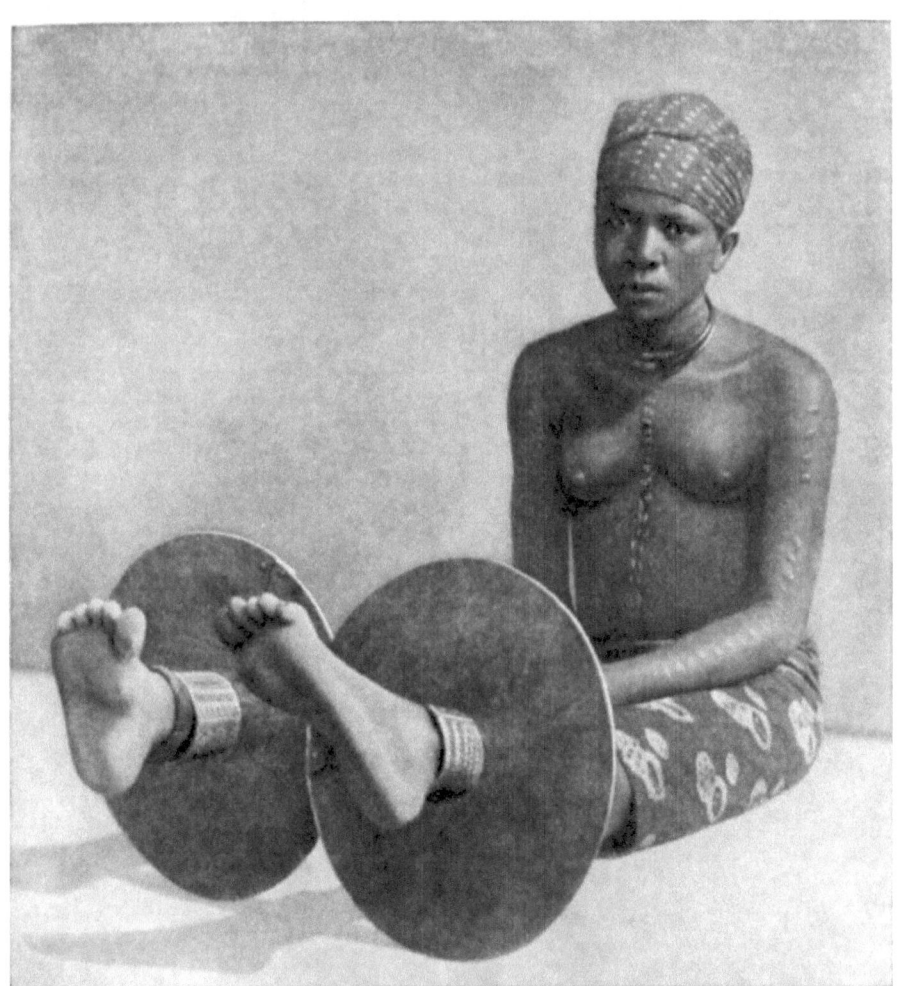

Diese seltsamen Scheiben sind nicht etwa Fesseln sondern es handelt sich hierbei um Körperschmuck, den die Frauen freiwillig getragen haben.

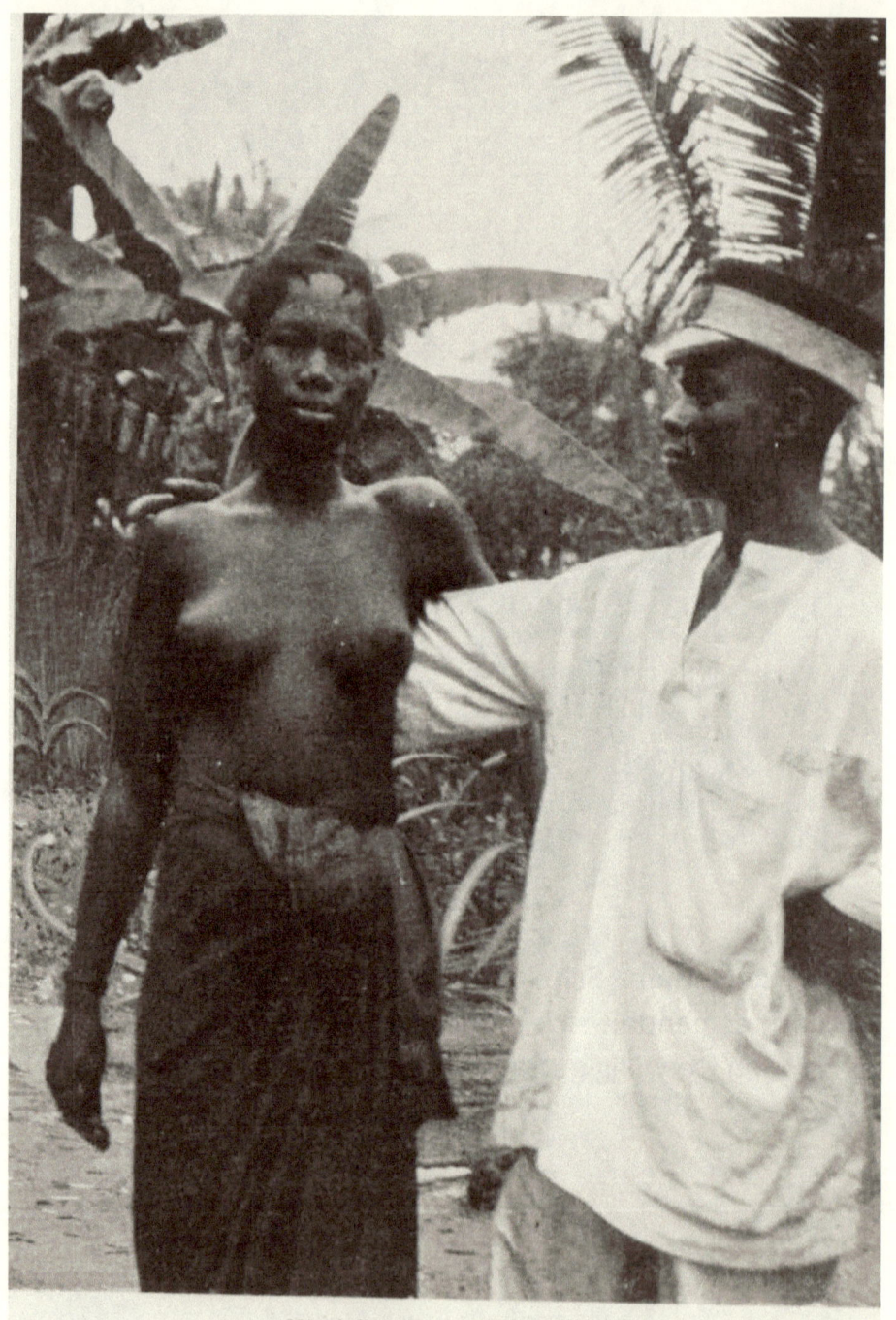

352. A VAI YOUTH AND MAIDEN

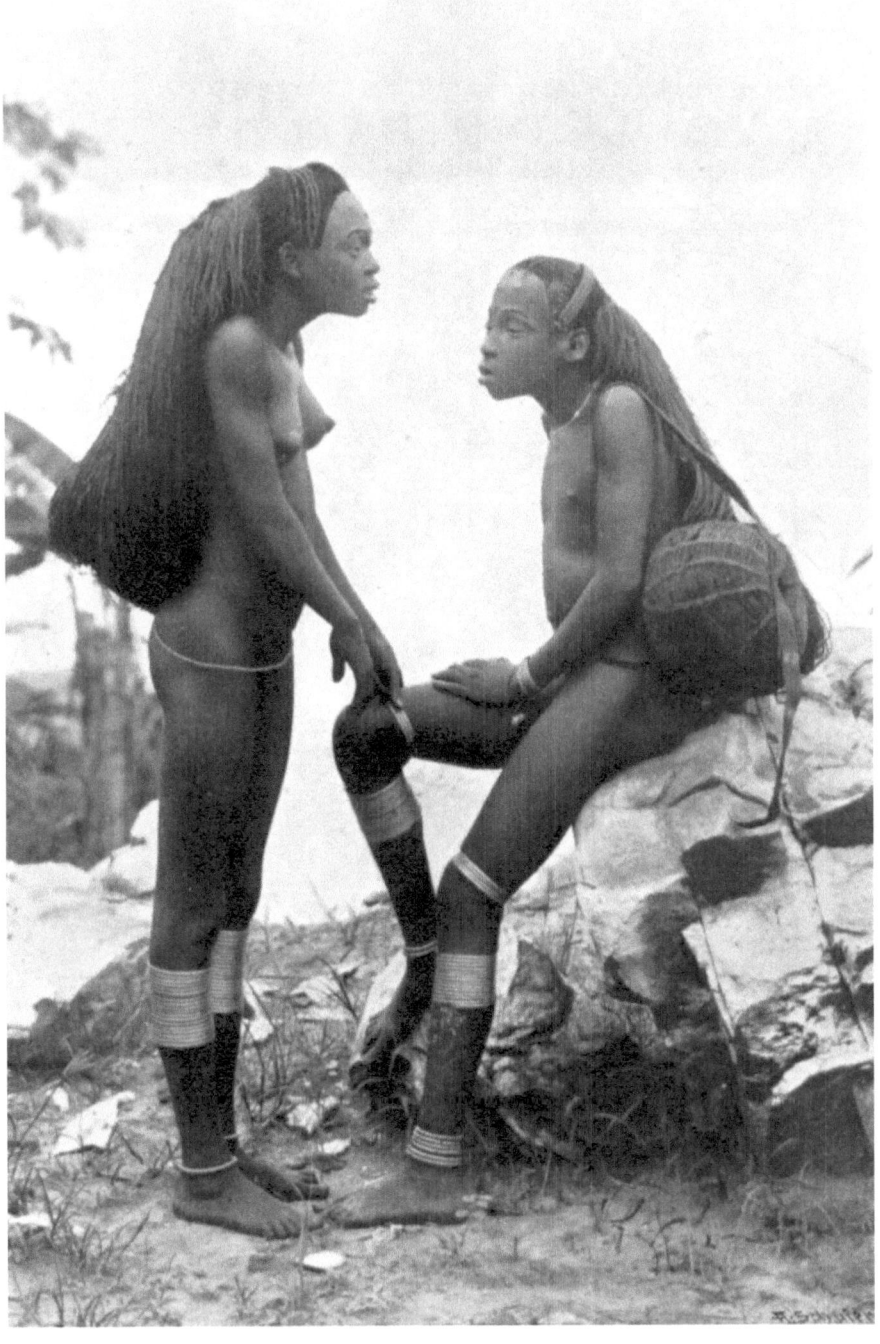

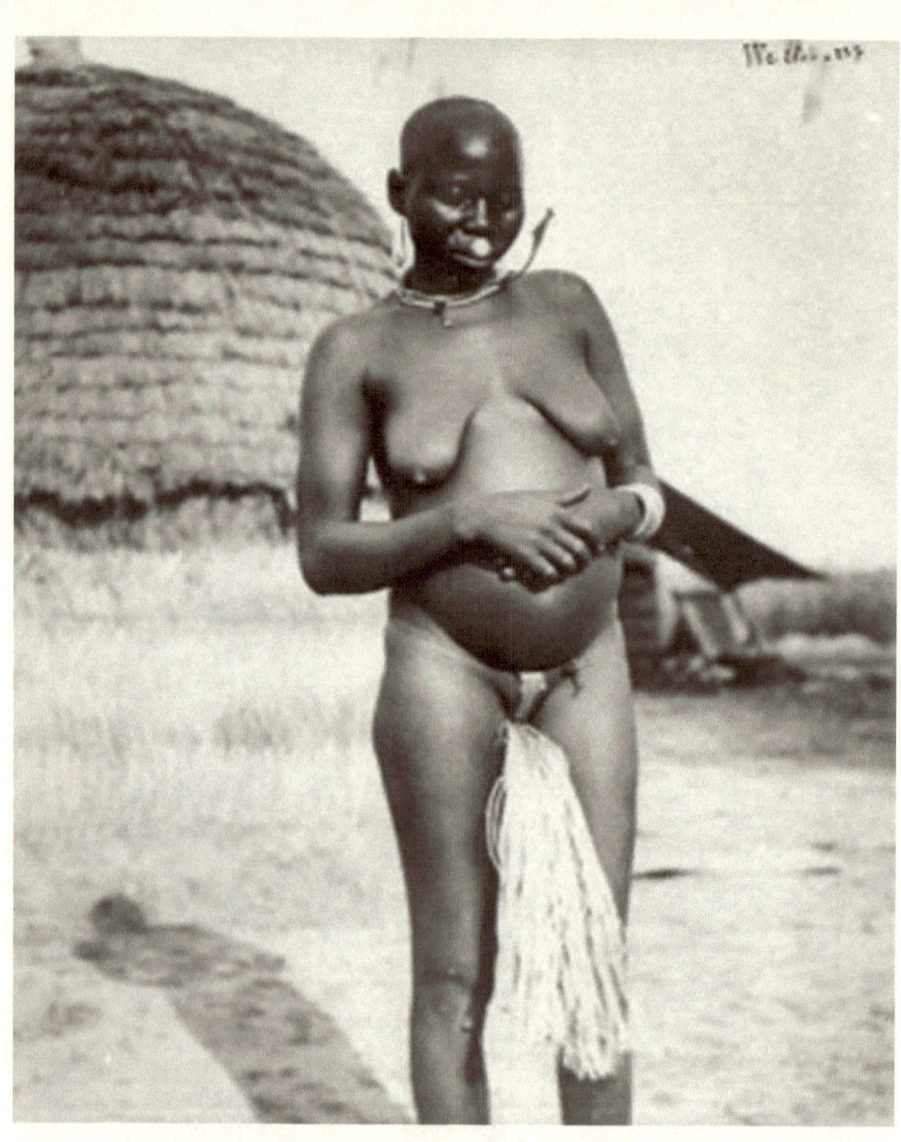

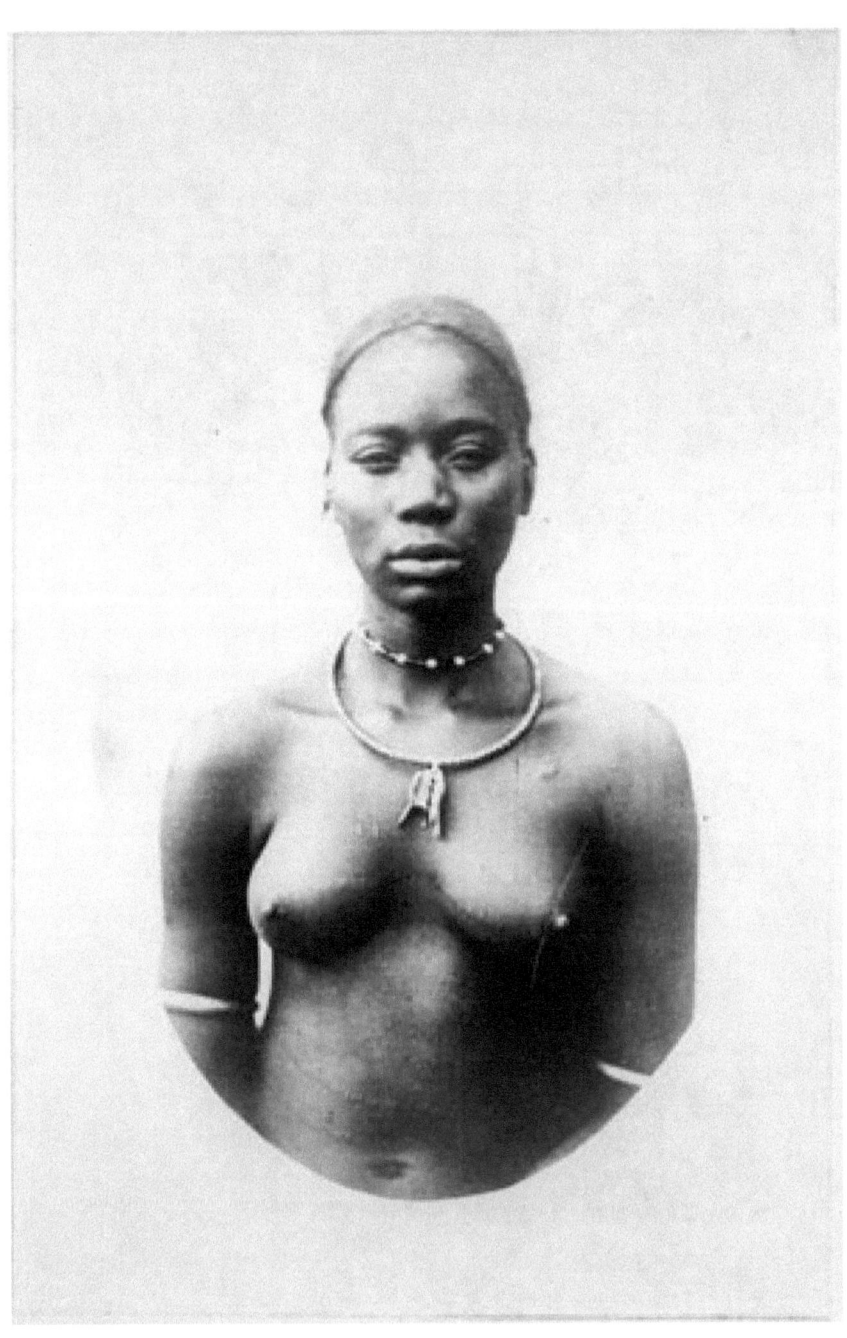

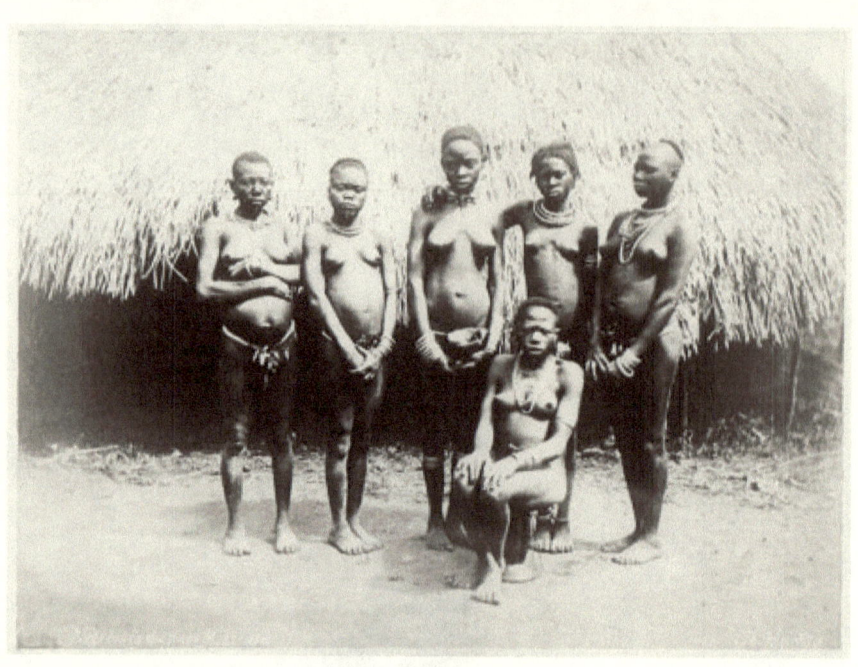

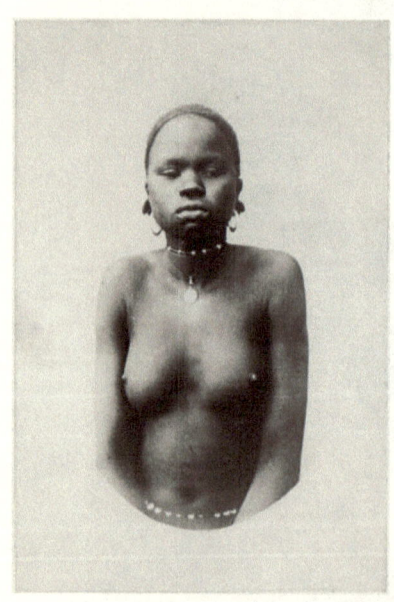

Die nachfolgenden Bilder auf den Seiten 15 - 32 stammen aus „The National Archives UK" von Großbritannien

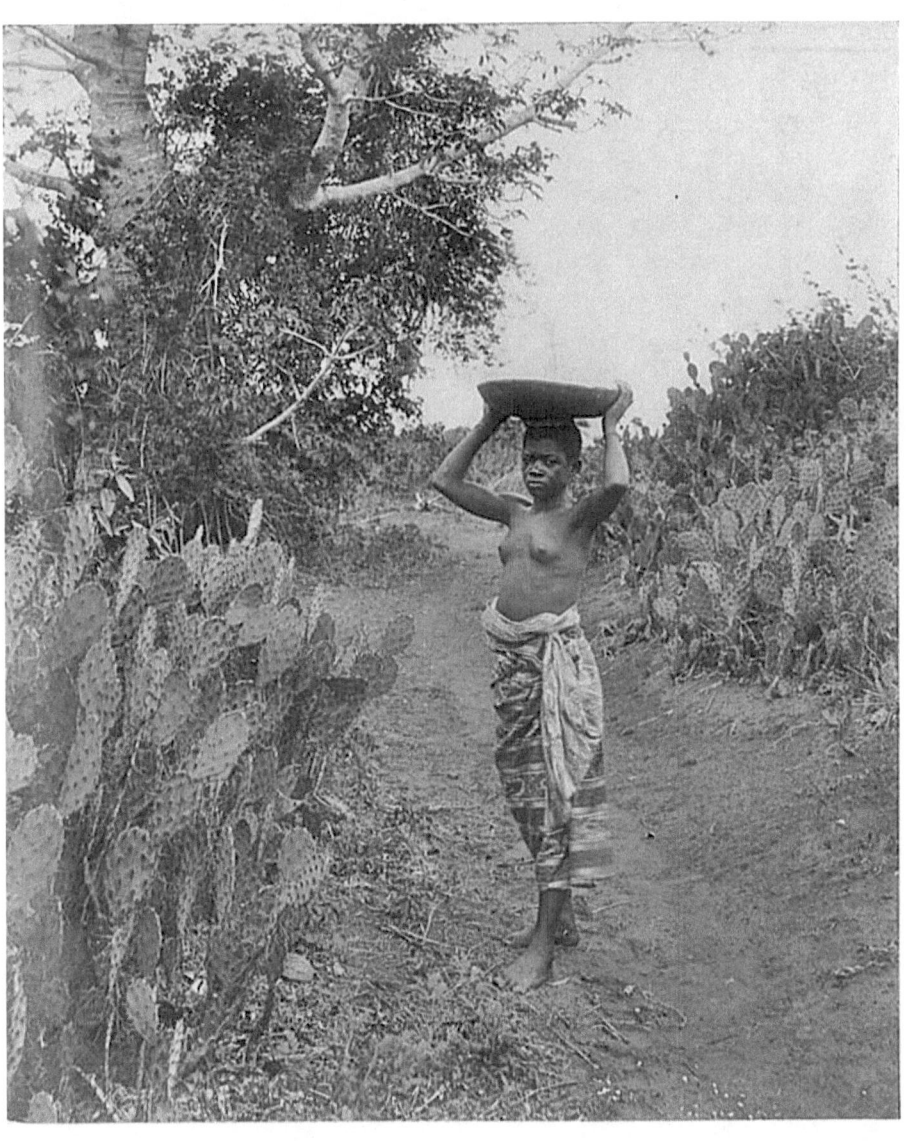

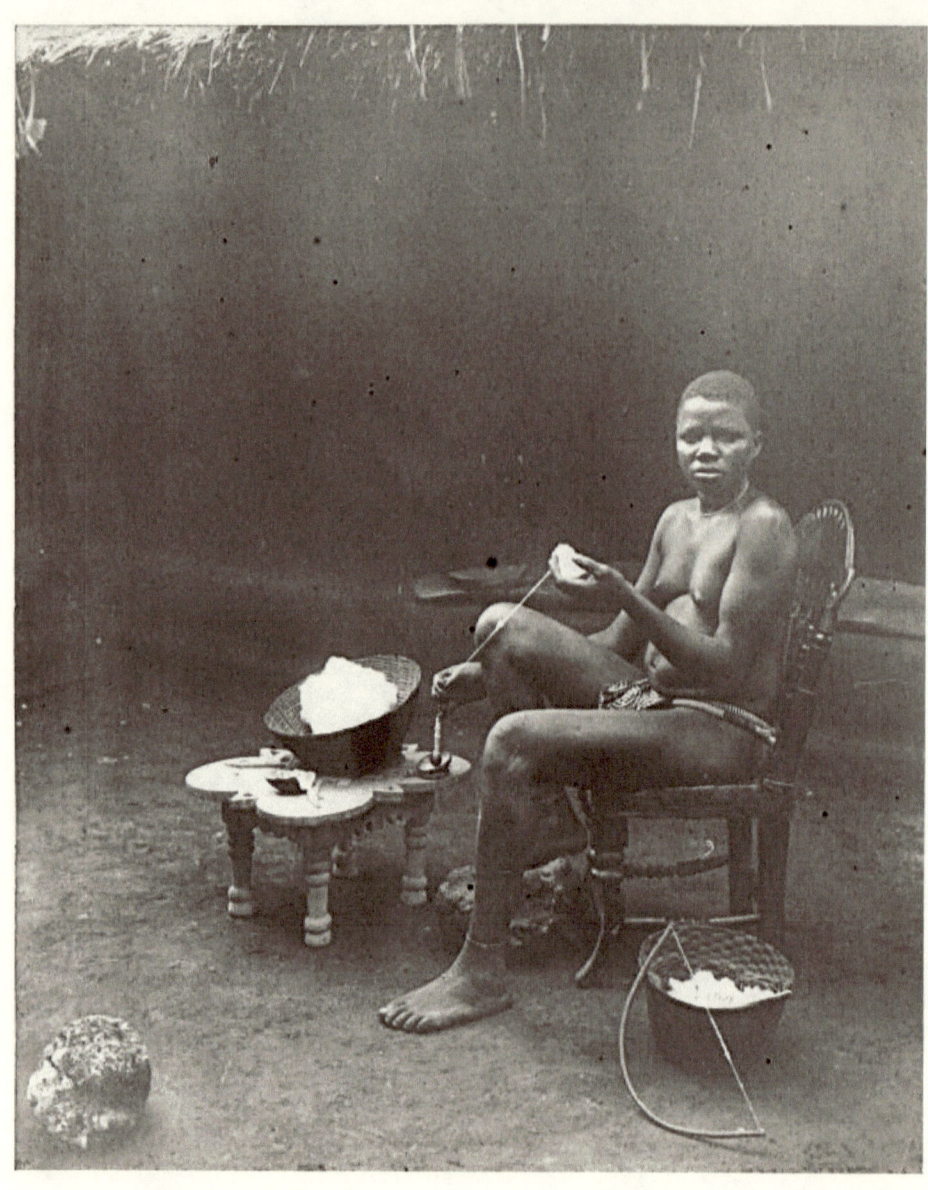

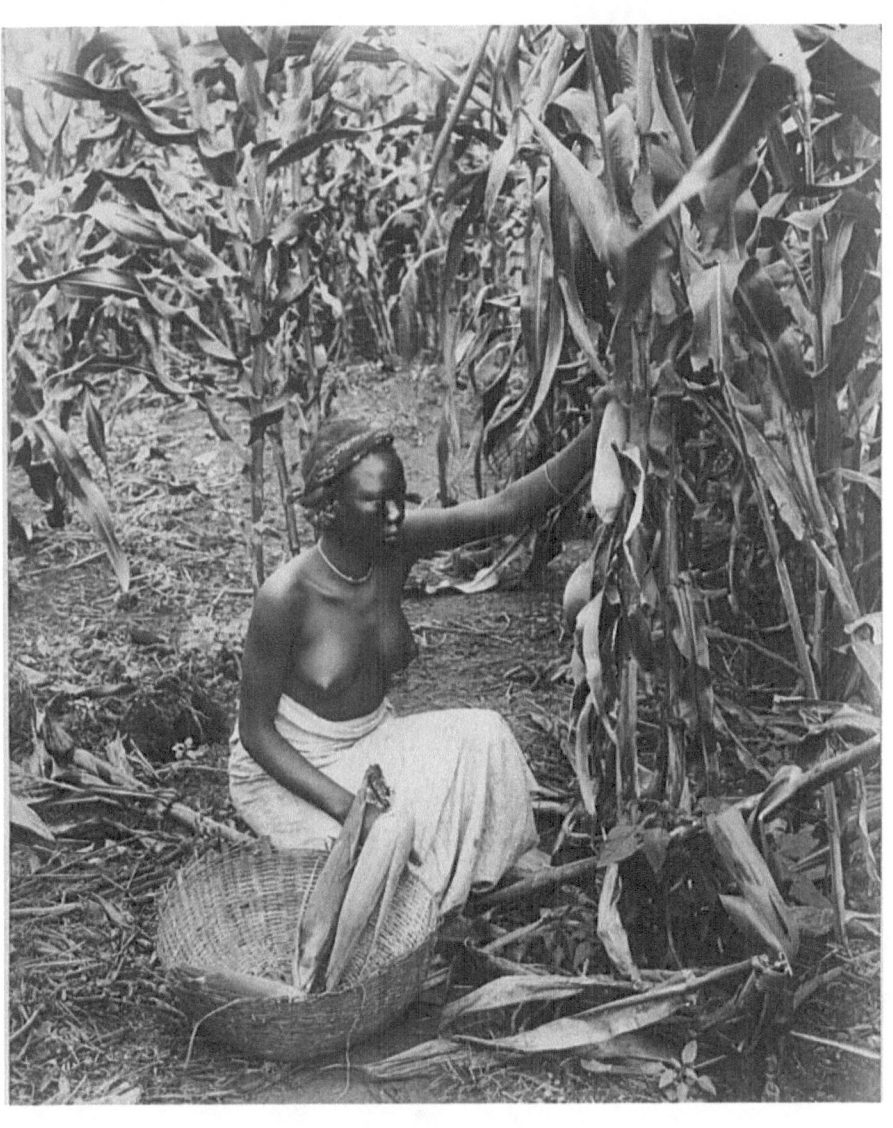

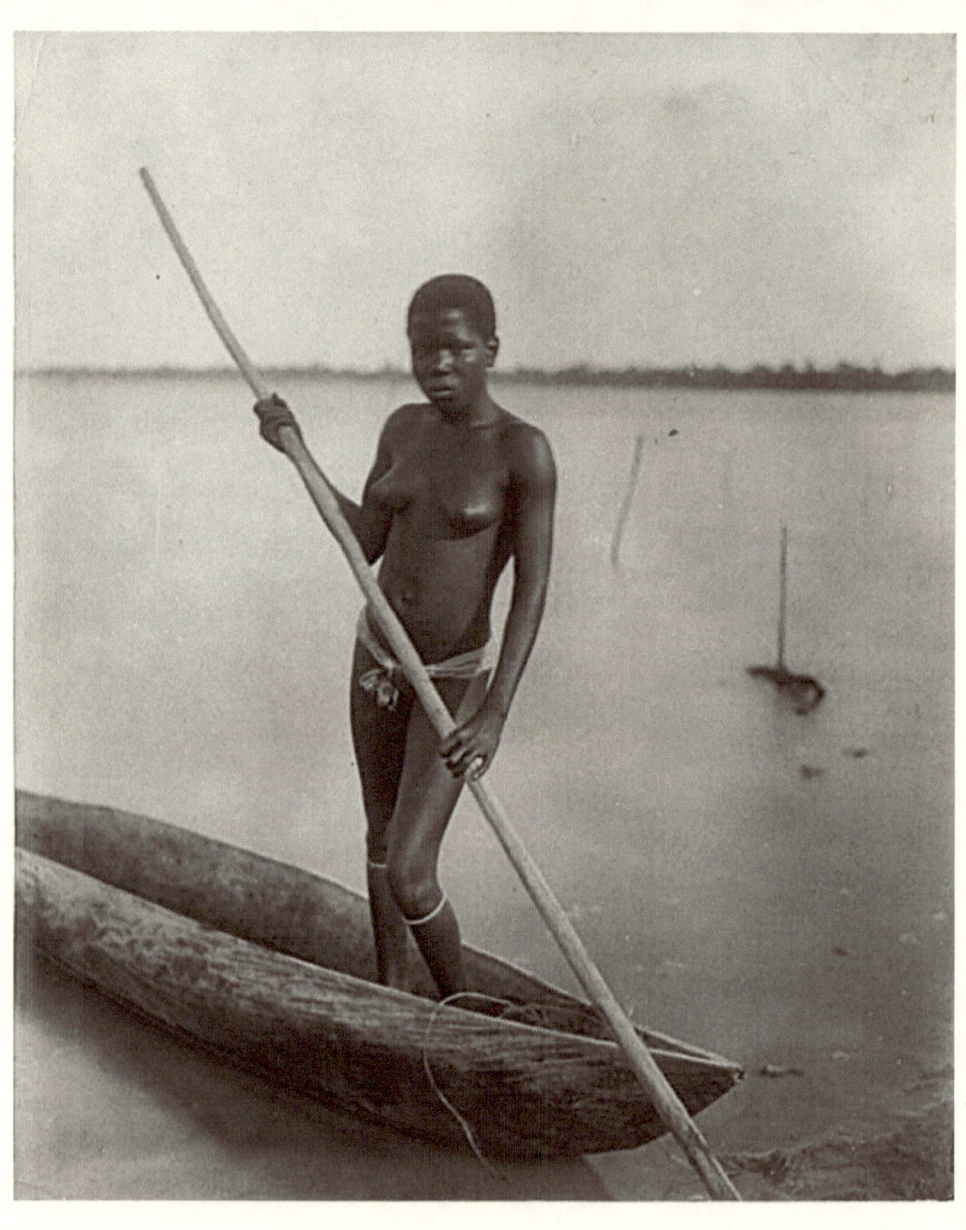

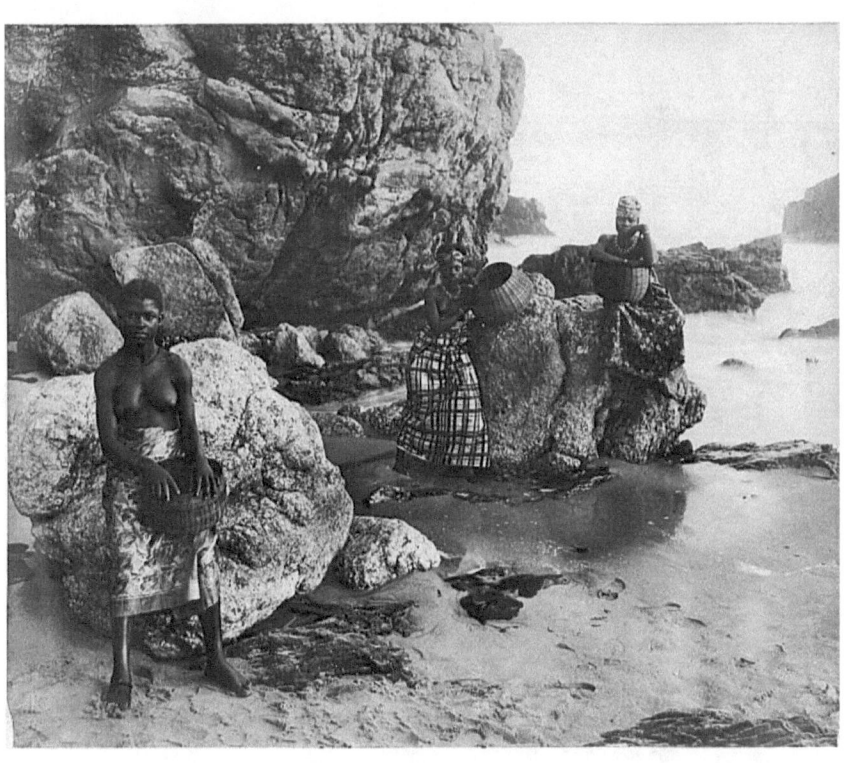

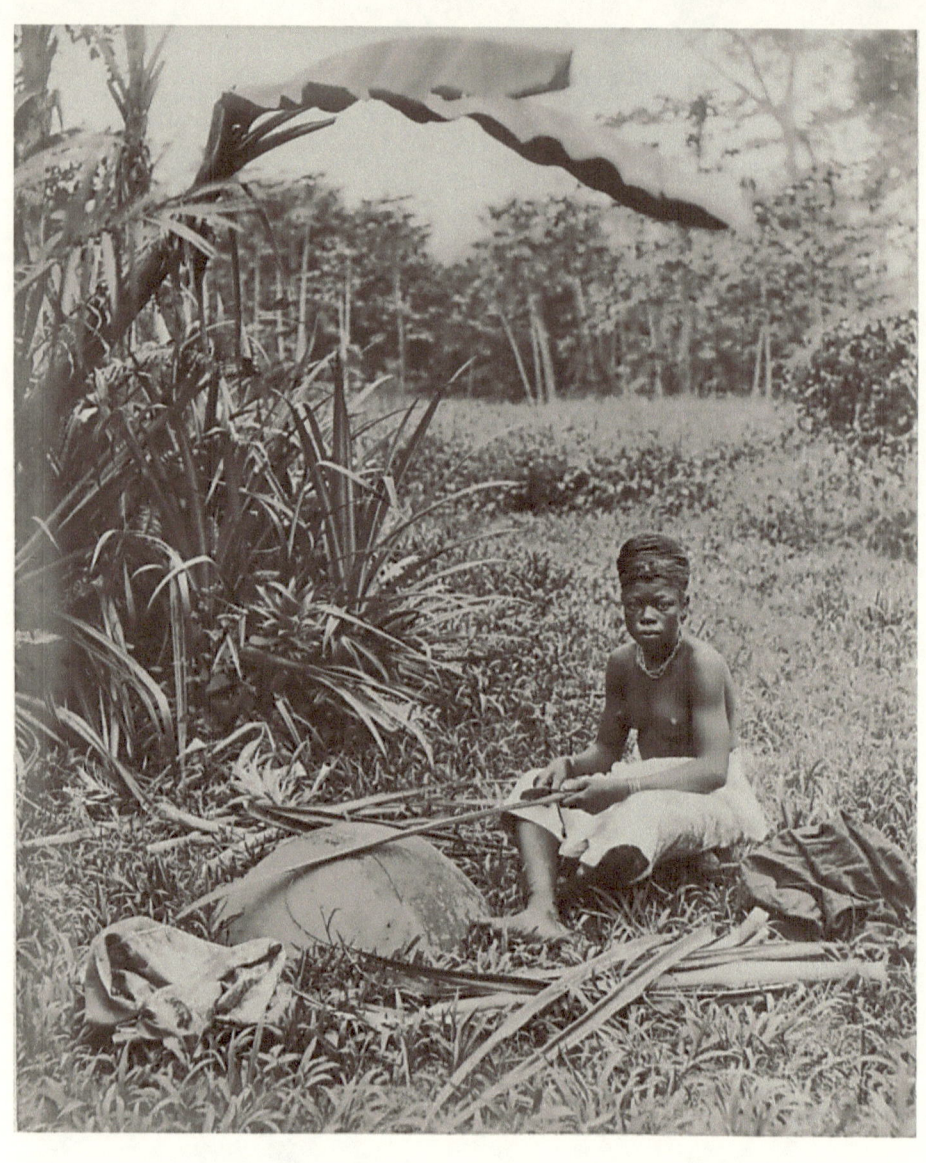

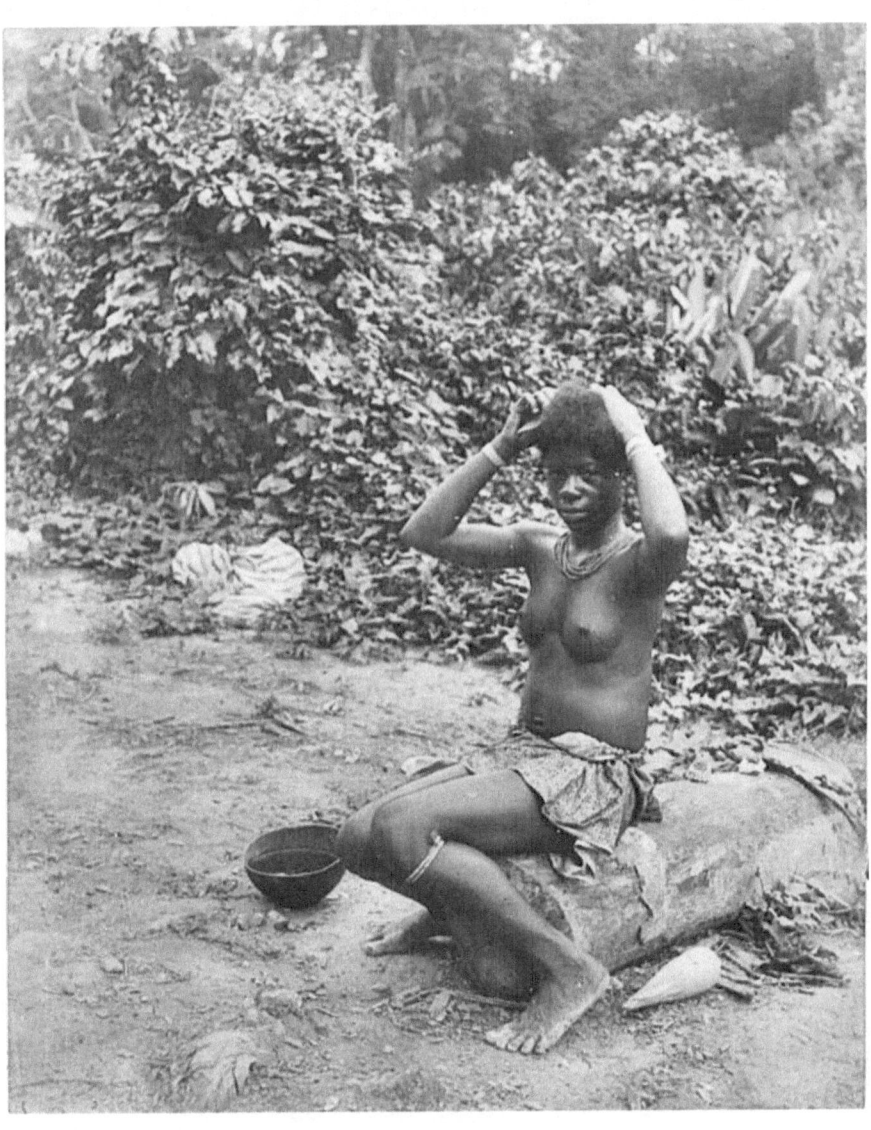

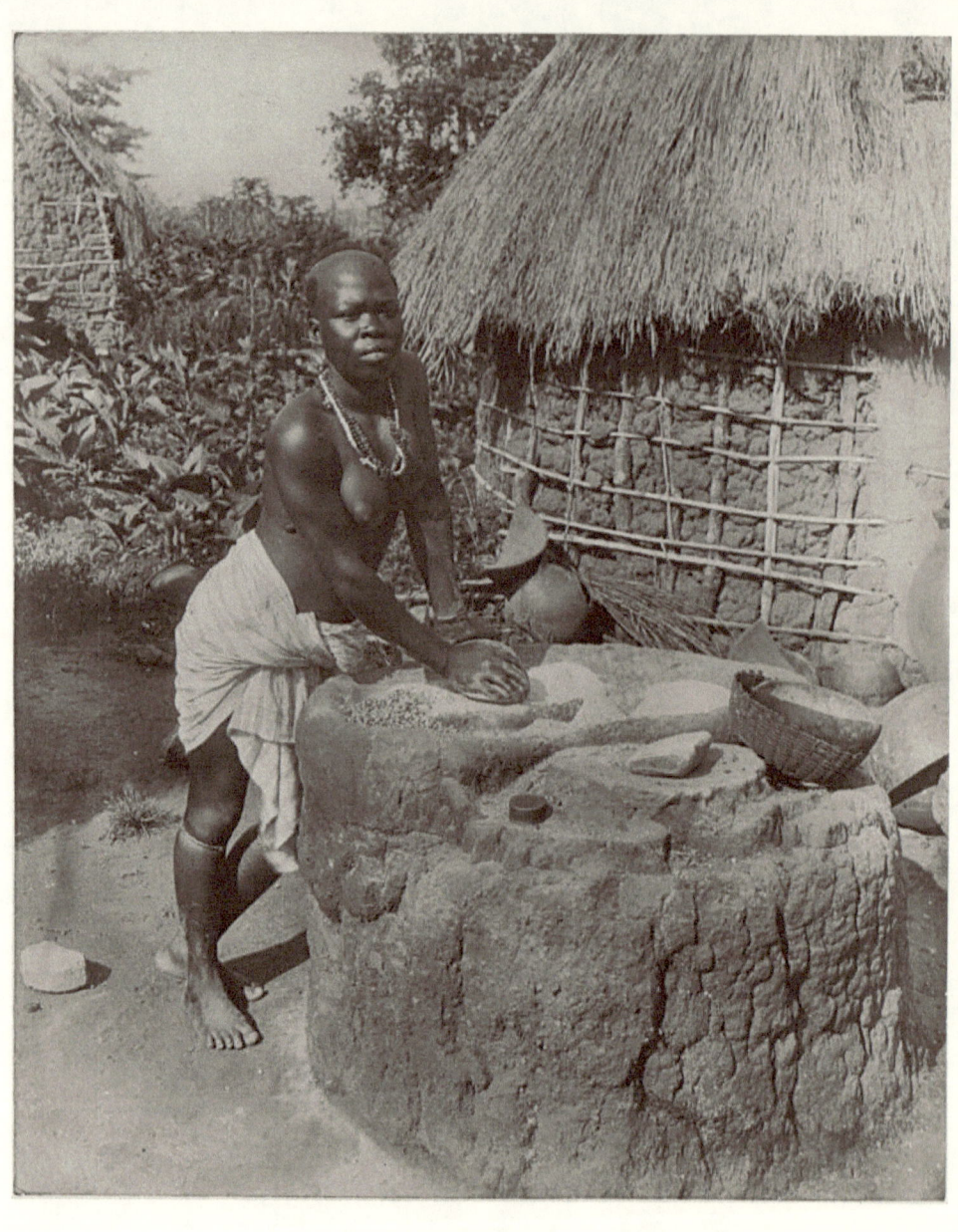

22

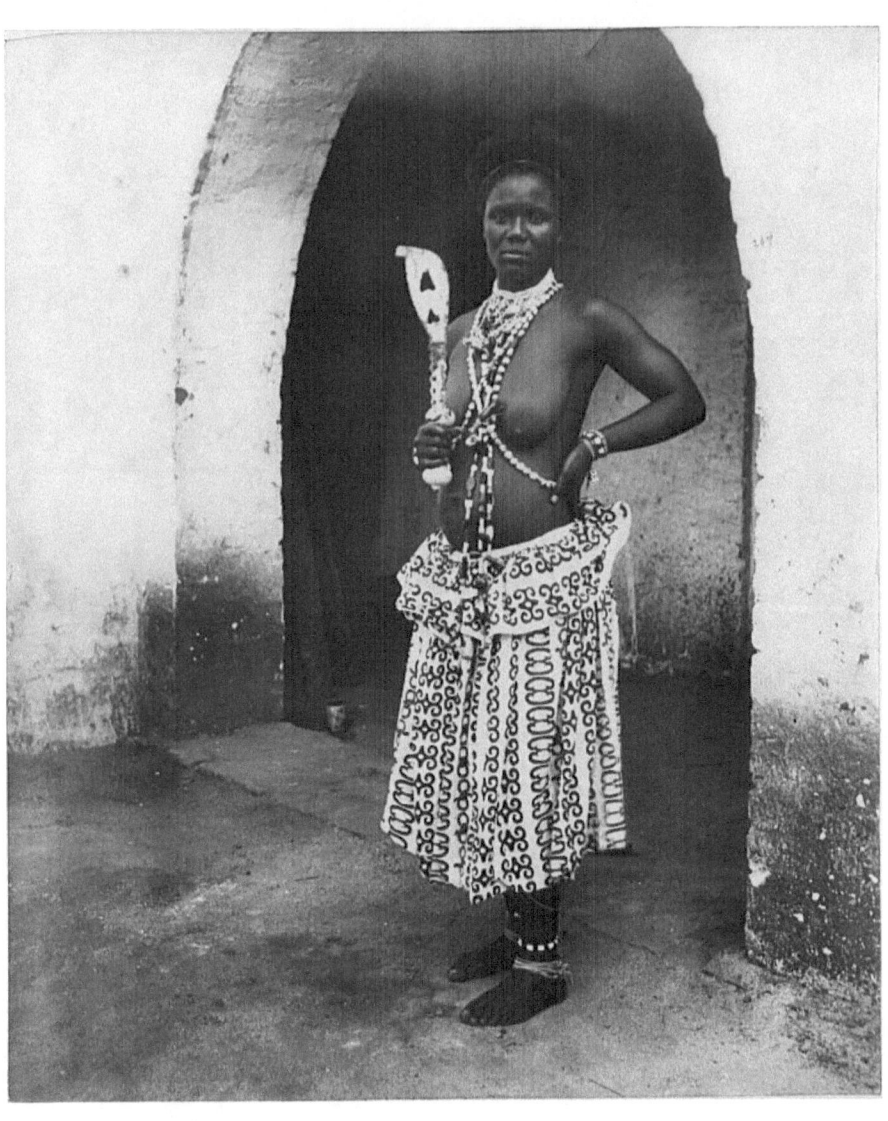

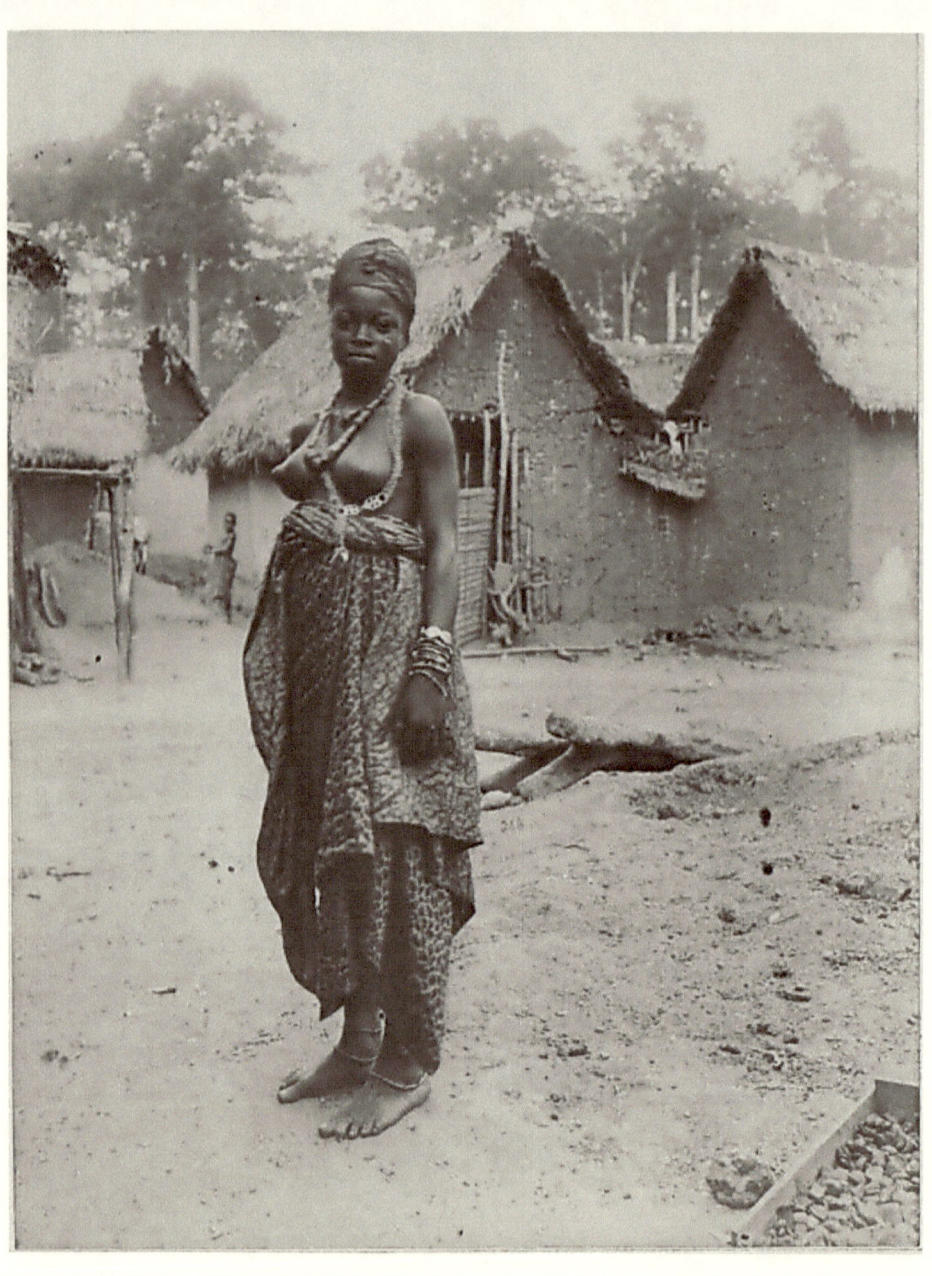

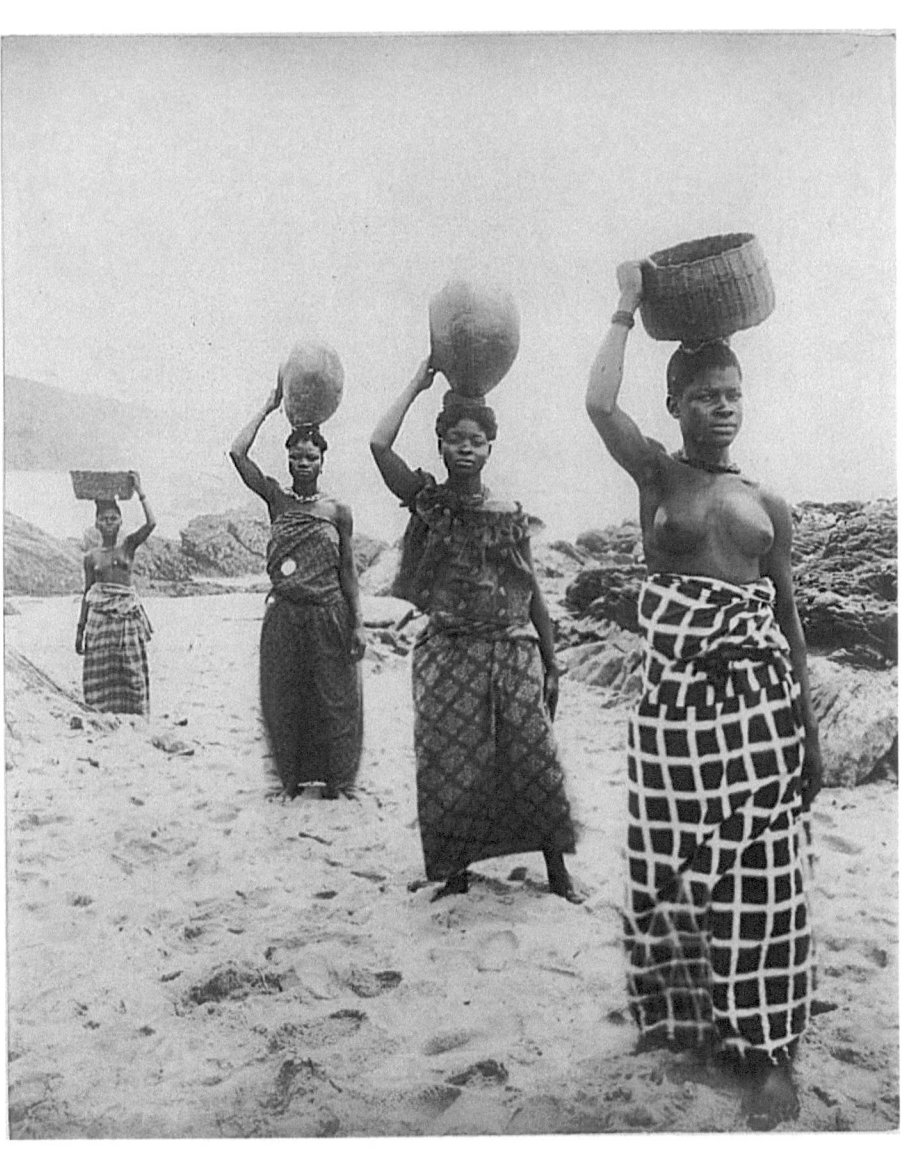

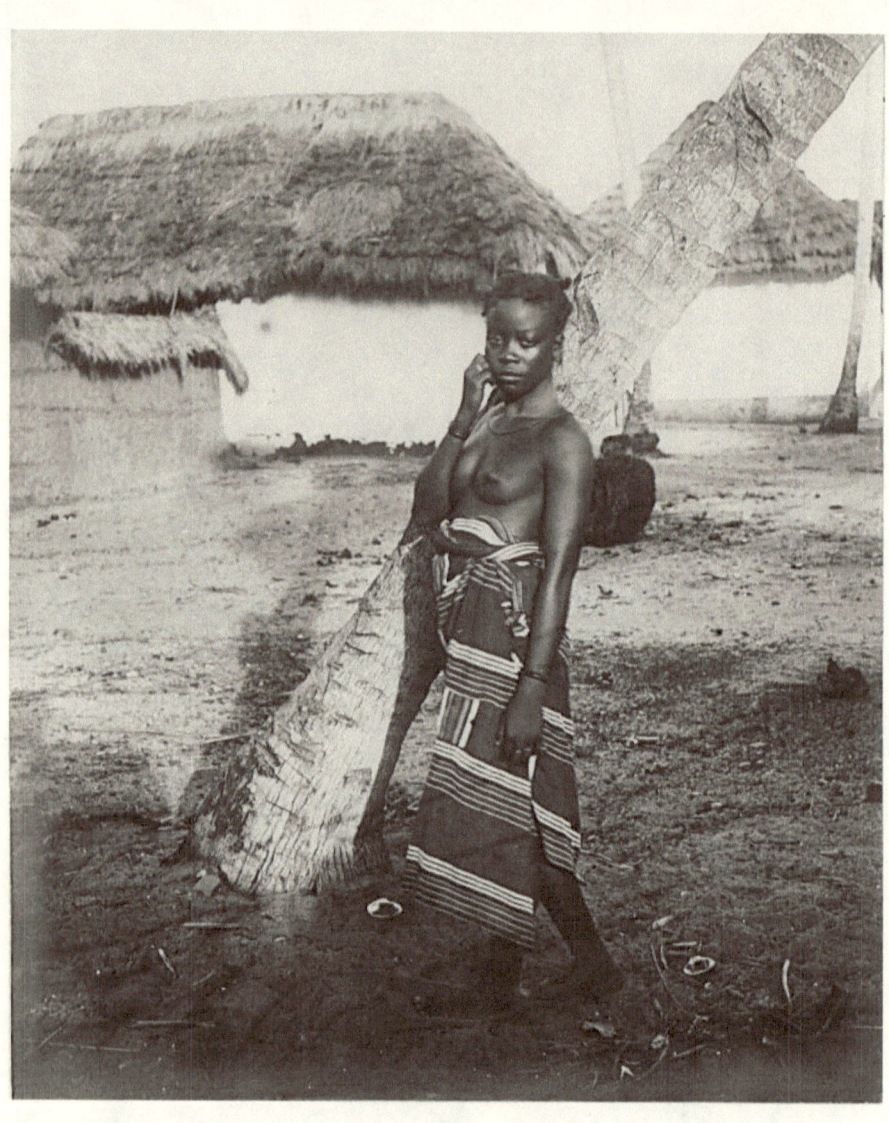

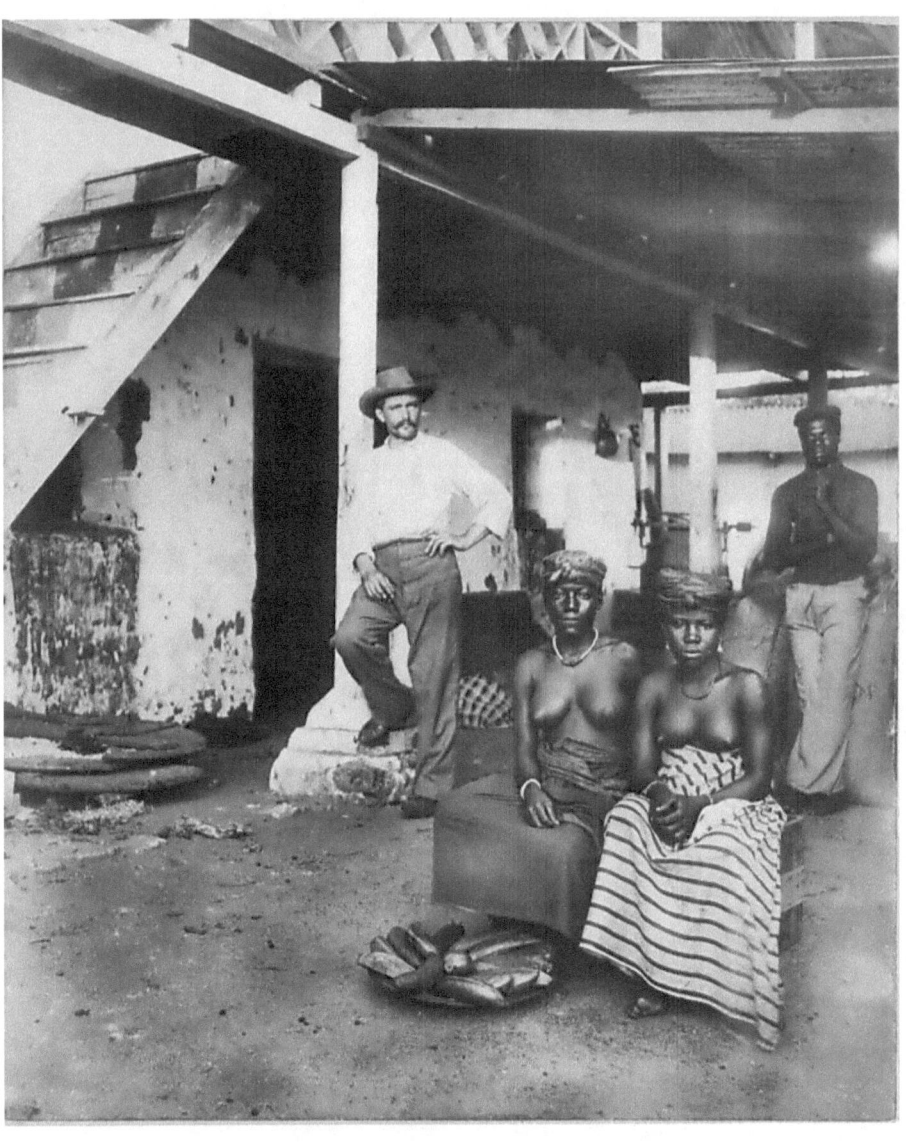

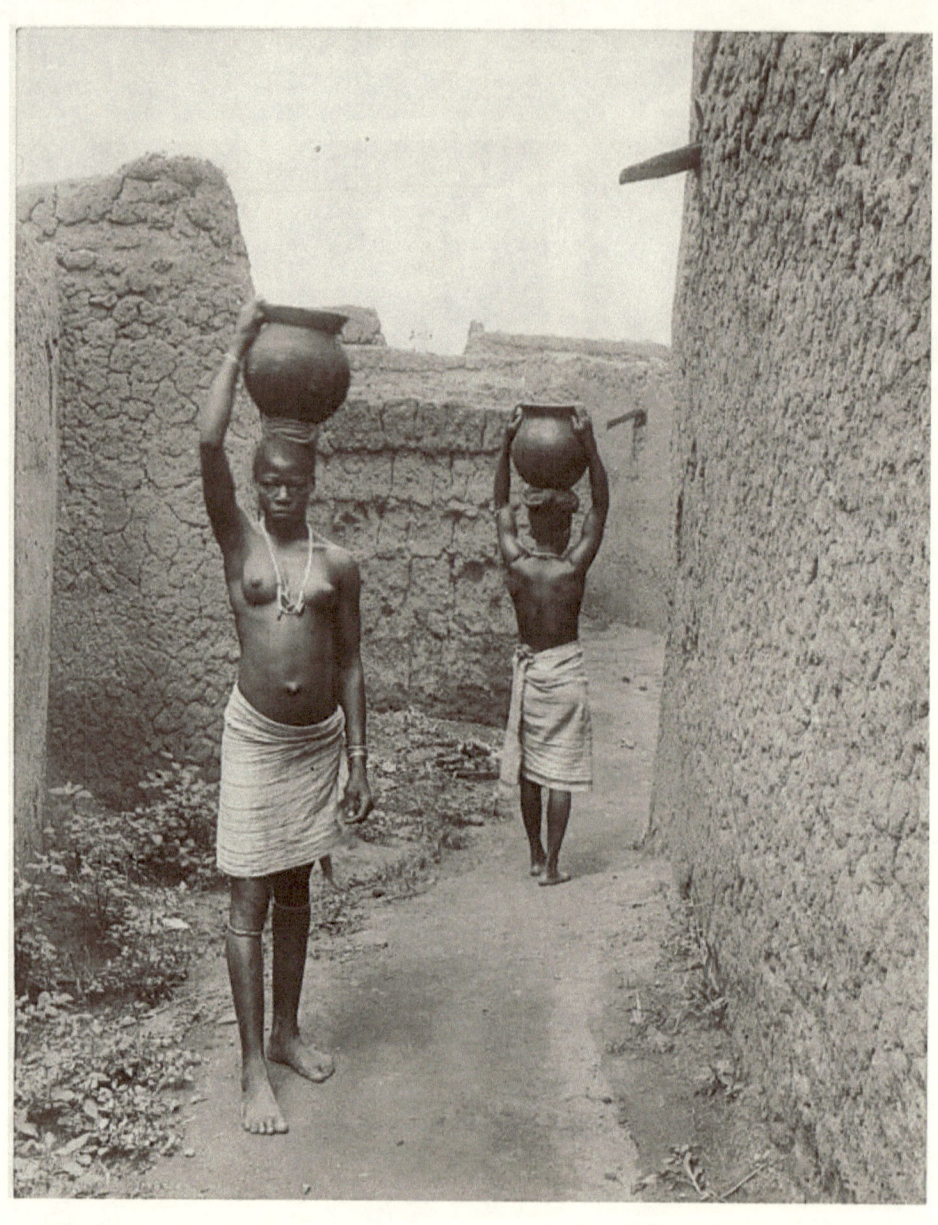

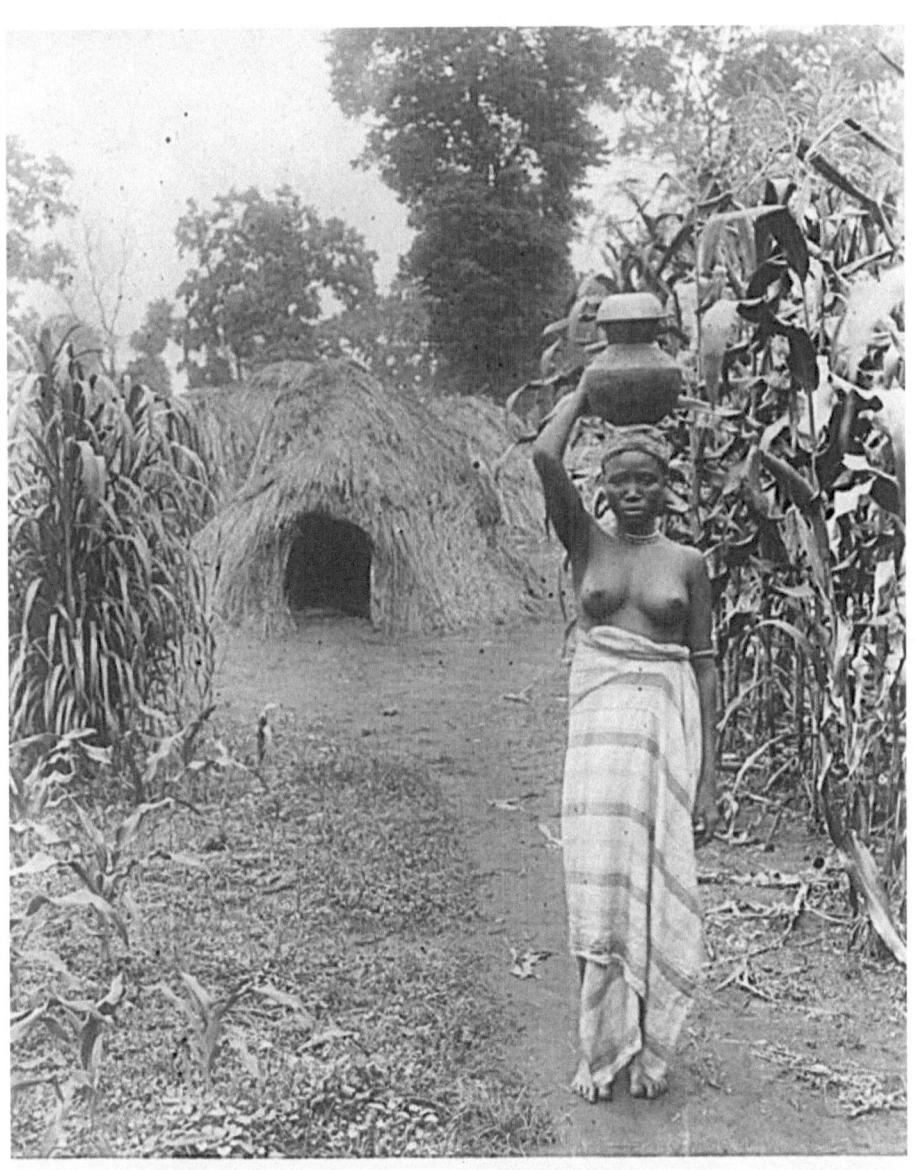

Houssa girl, carrying water.

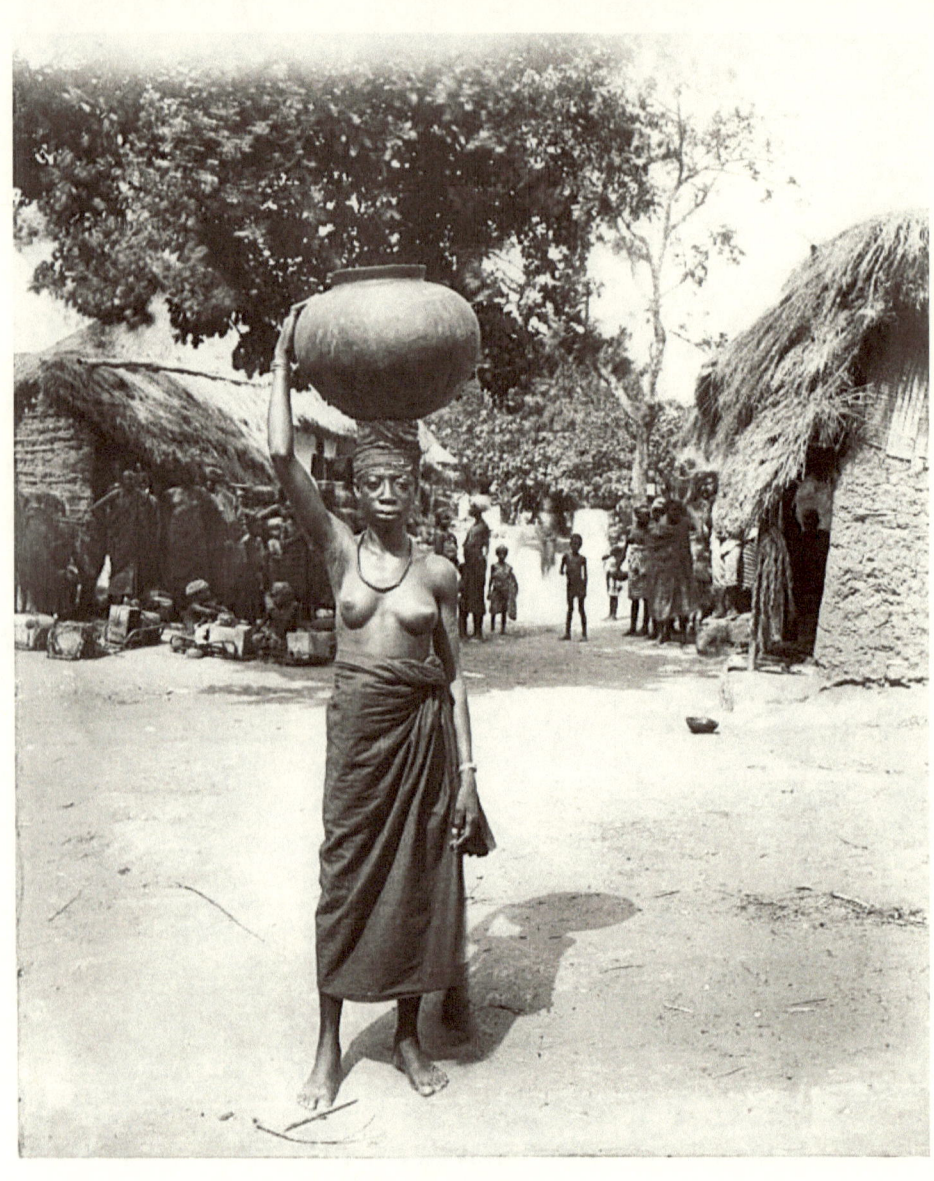

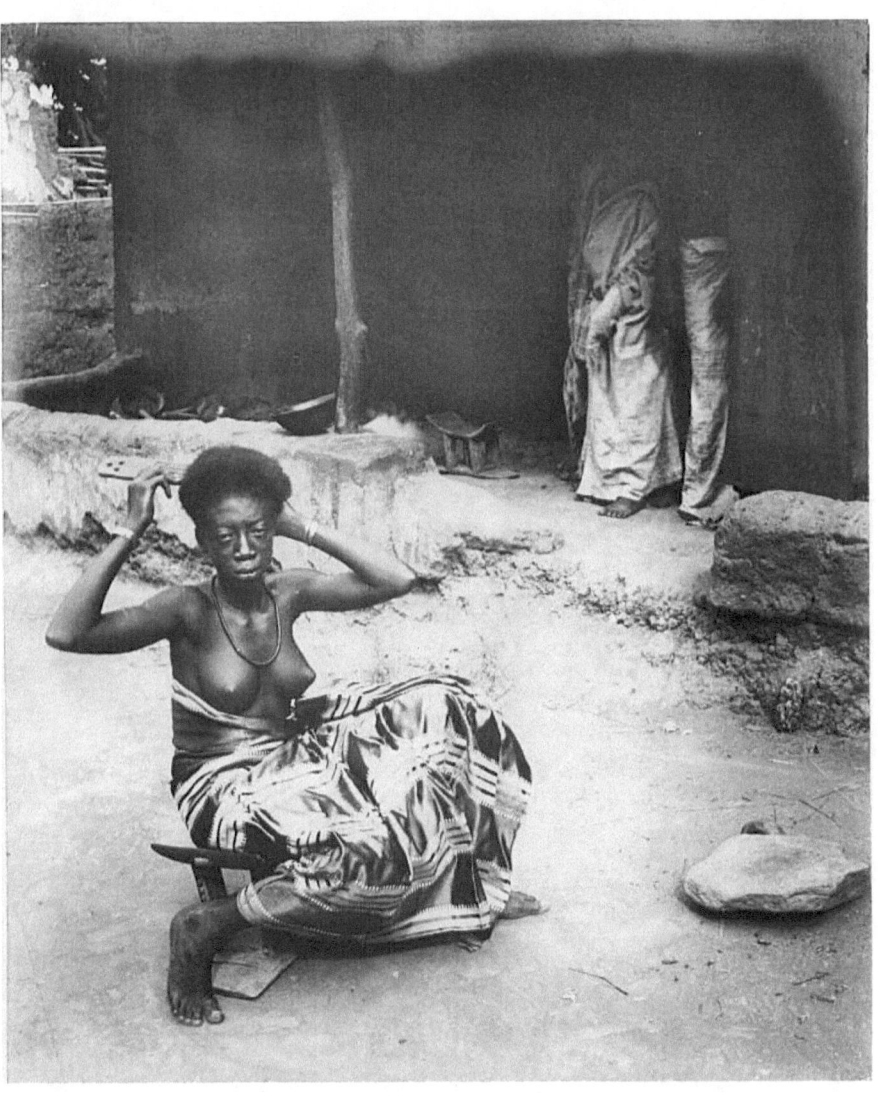

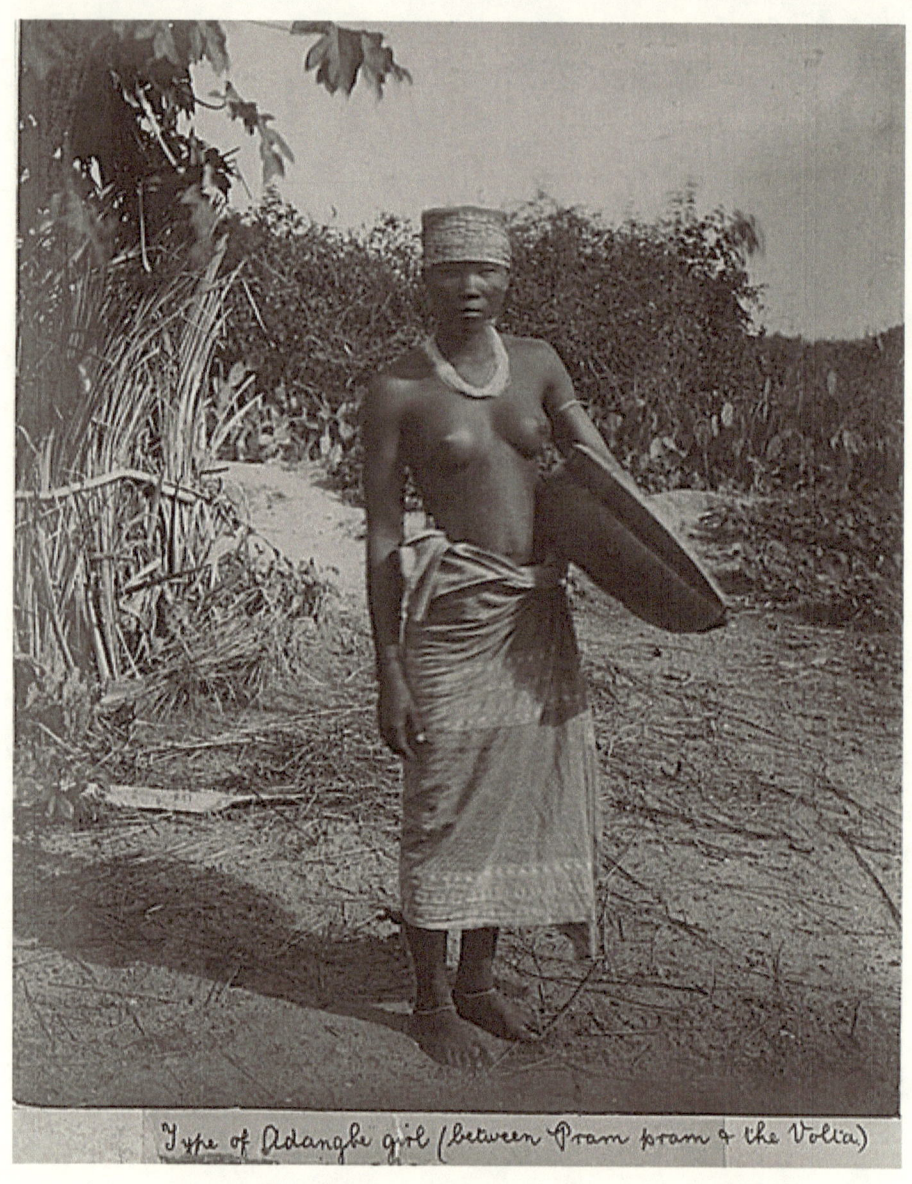

Type of Adangbe girl (between Pram pram & the Volta)

Die nachfolgenden Bilder auf den Seiten 33 - 36 stammen aus dem „Tropenmuseum, part of the National Museum of World Cultures" der Niederlande

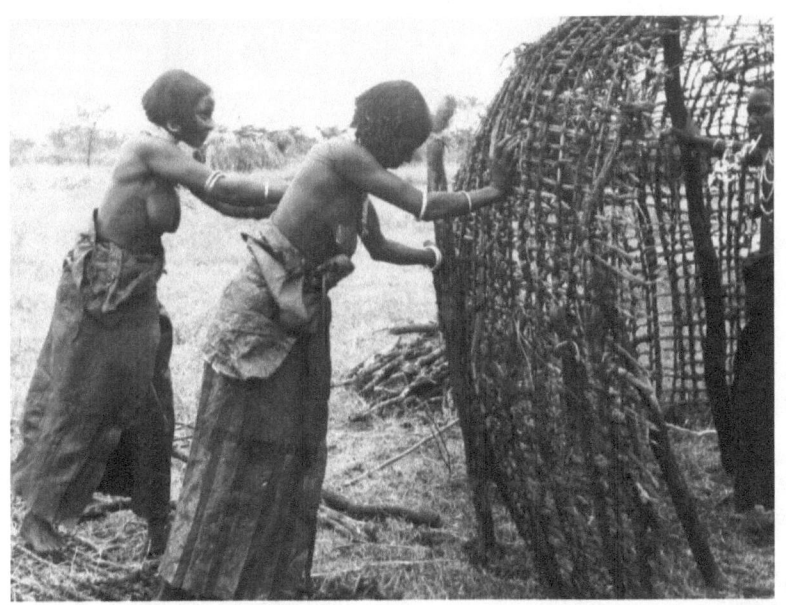

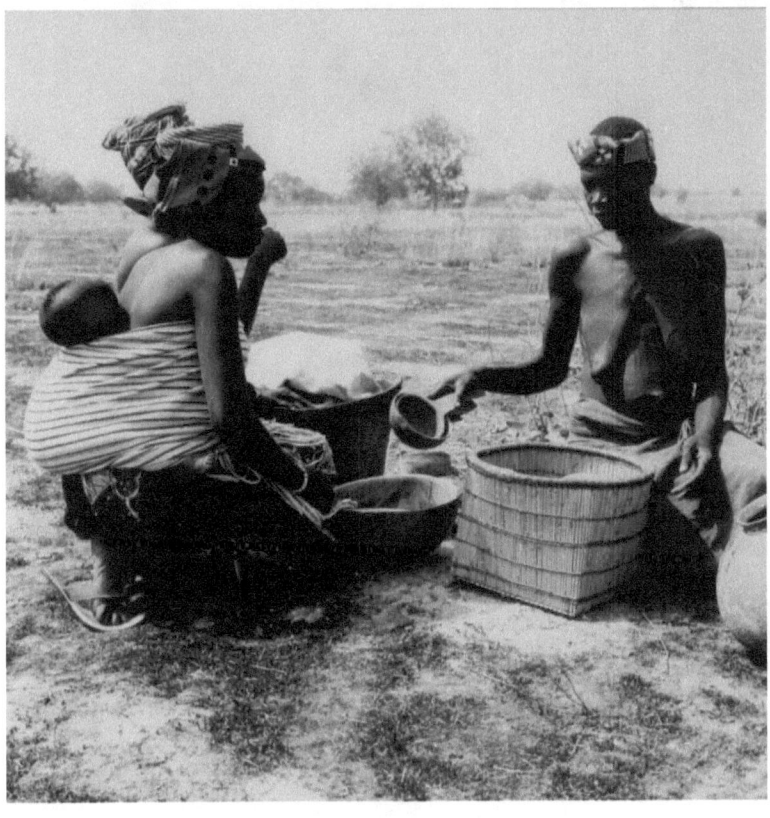

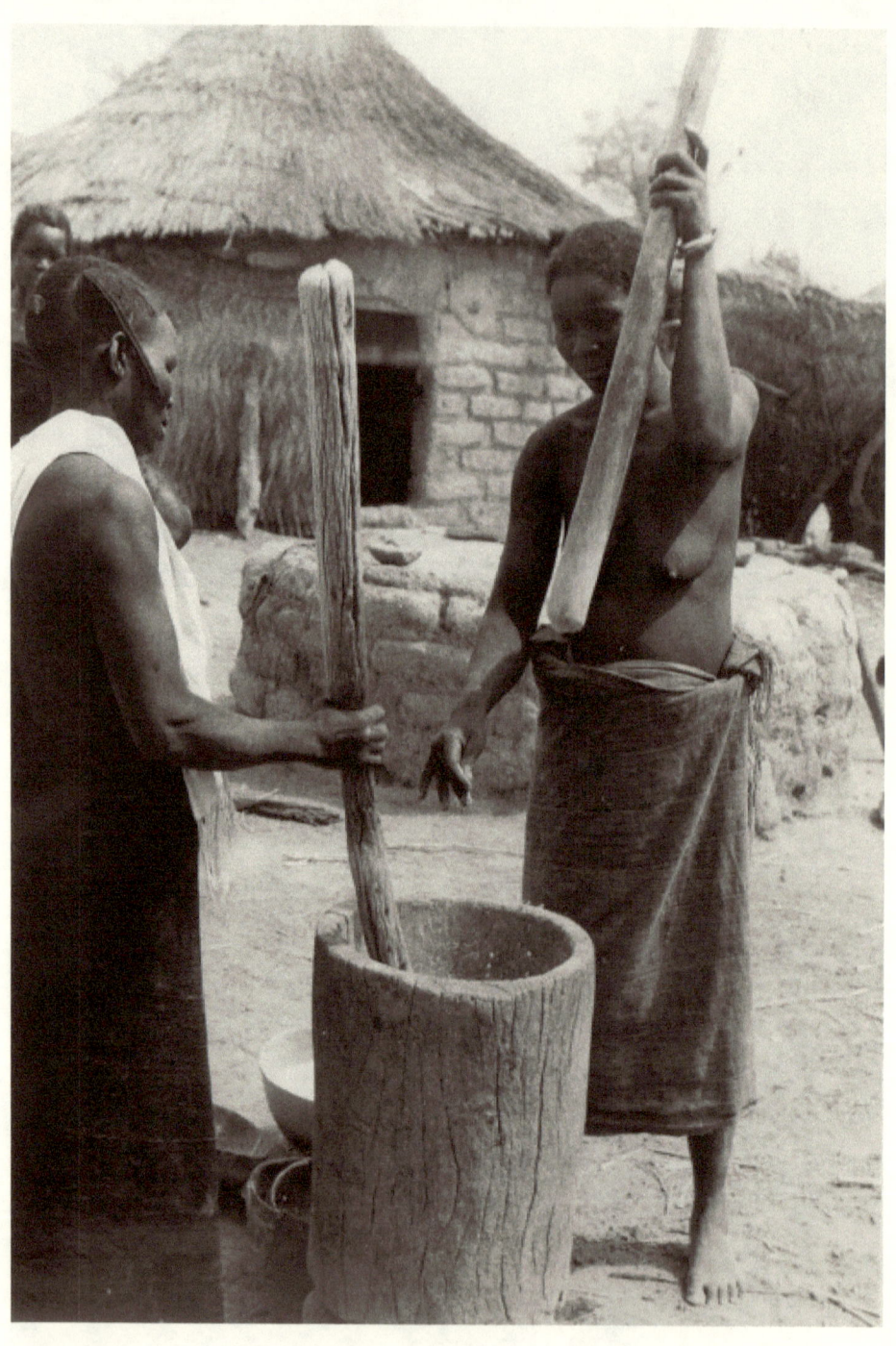

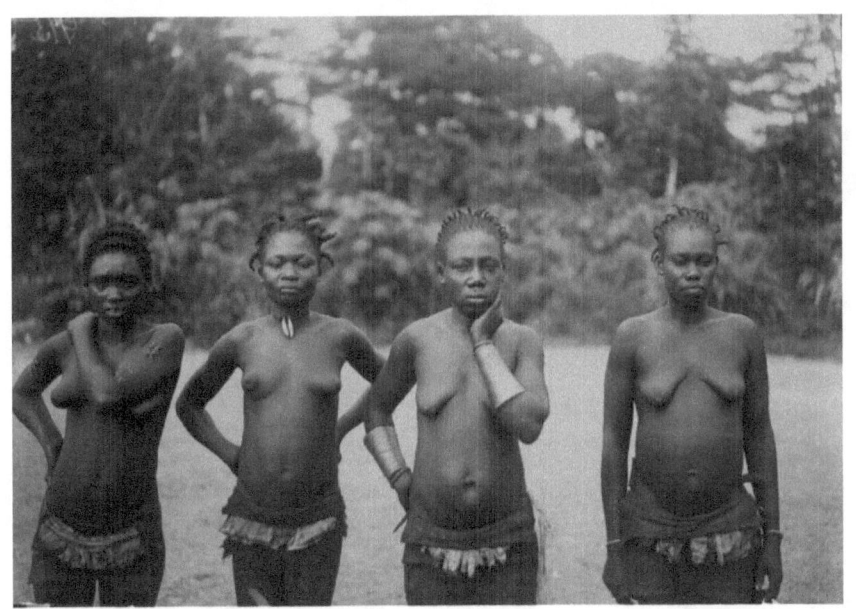

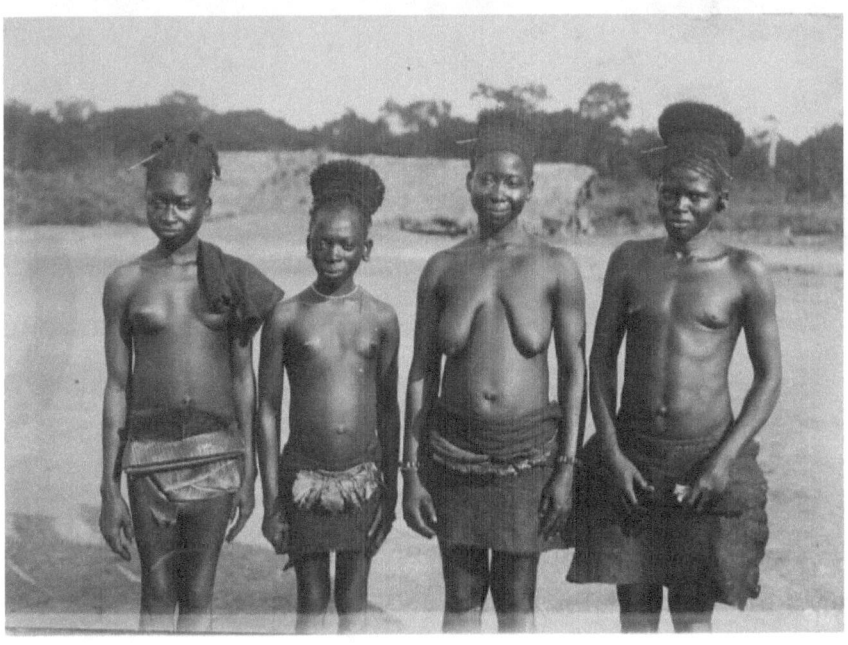

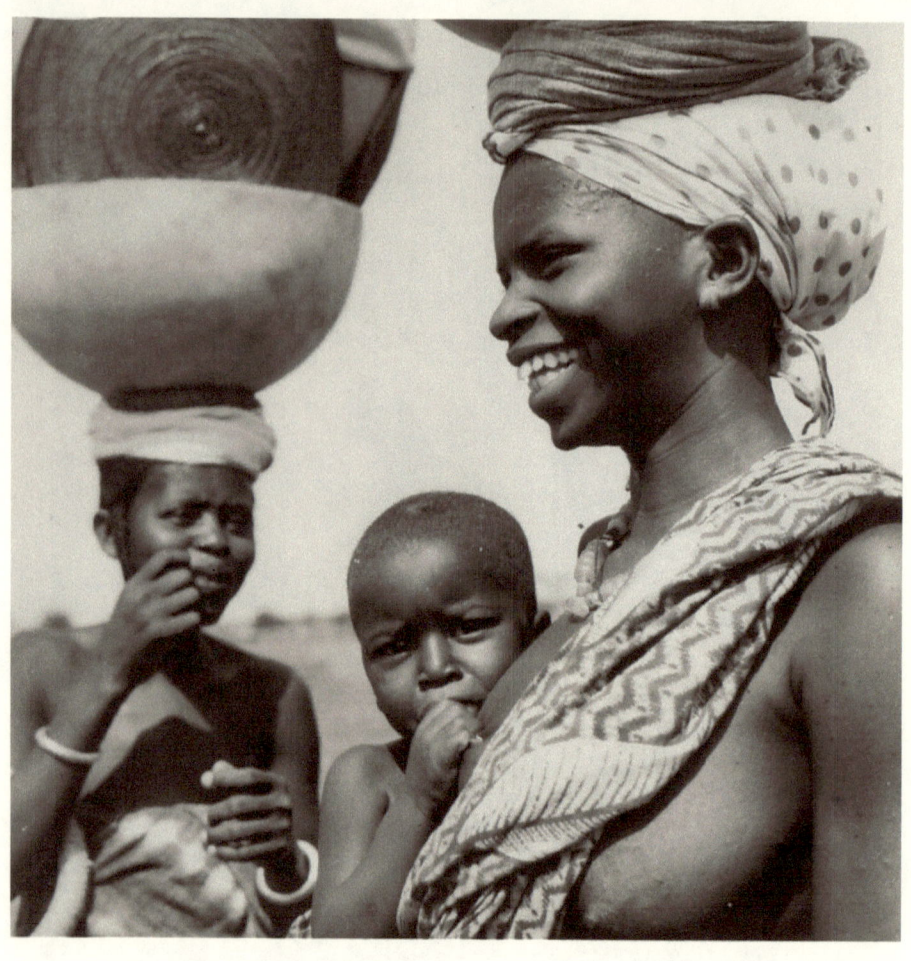

Die nachfolgenden Bilder auf den Seiten 37 - 47
stammen aus dem „Bundesarchiv" der Bundesrepublik
Deutschland.

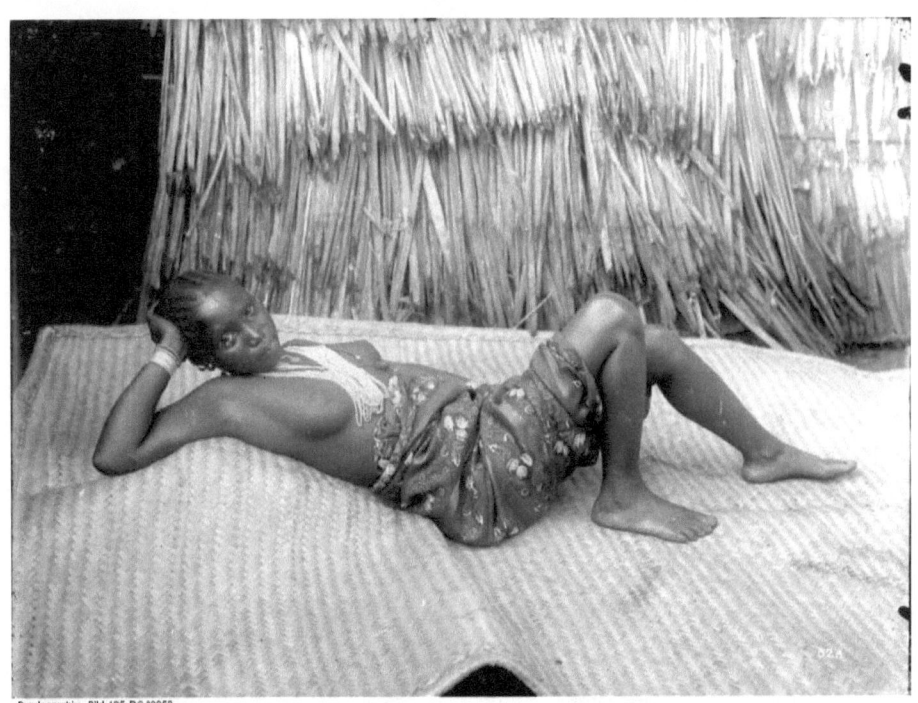

Bundesarchiv, Bild 105-DOA0052   Walther Dobbertin

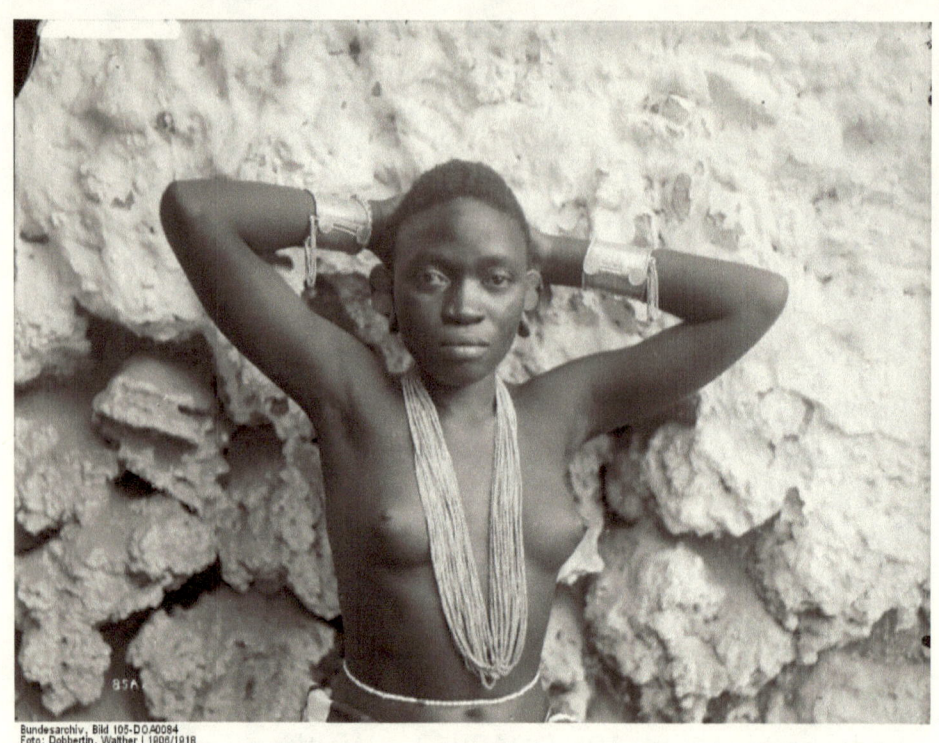

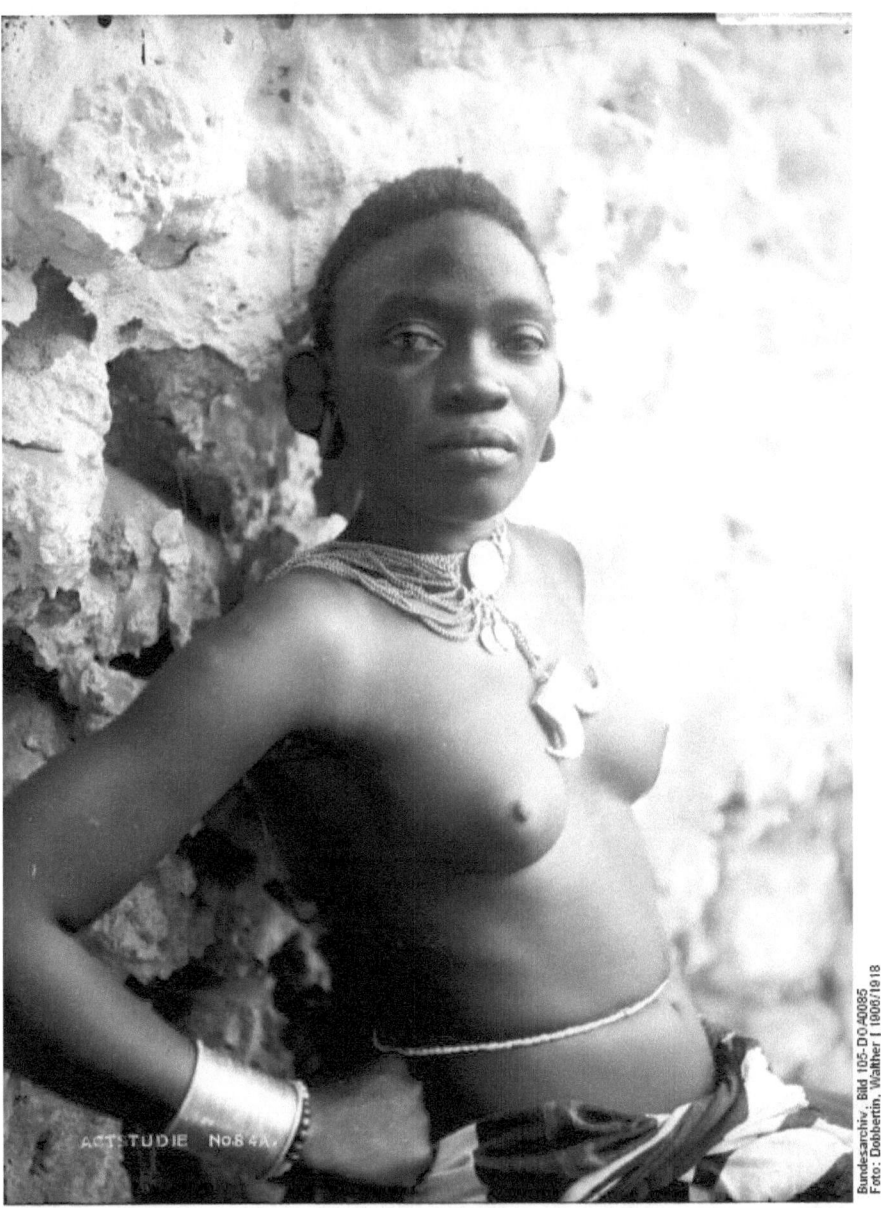

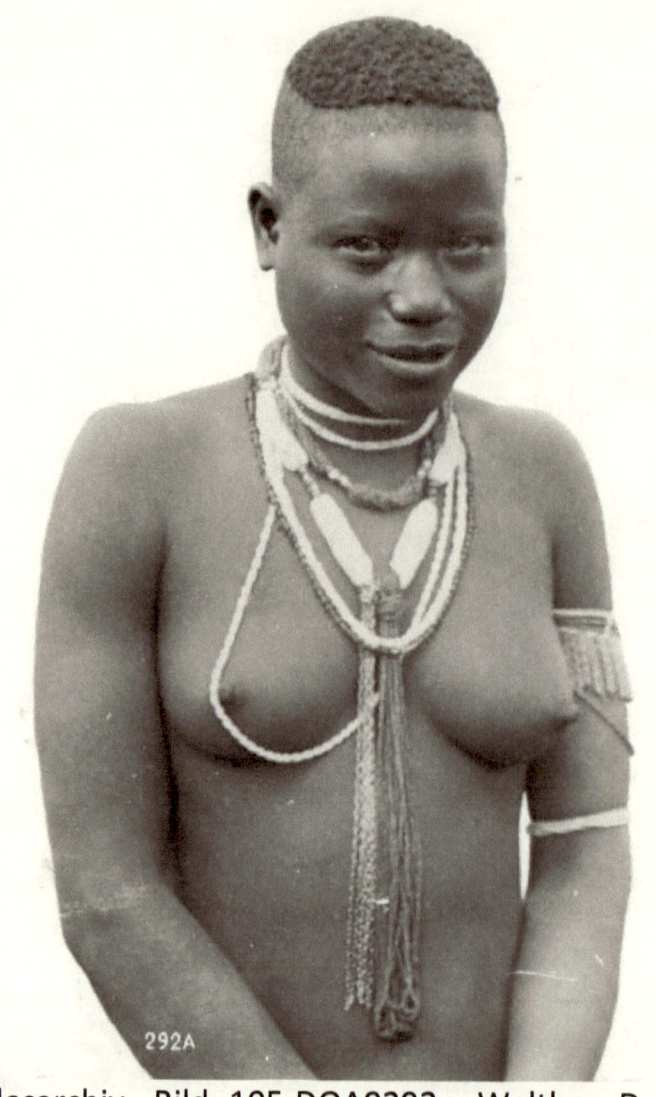

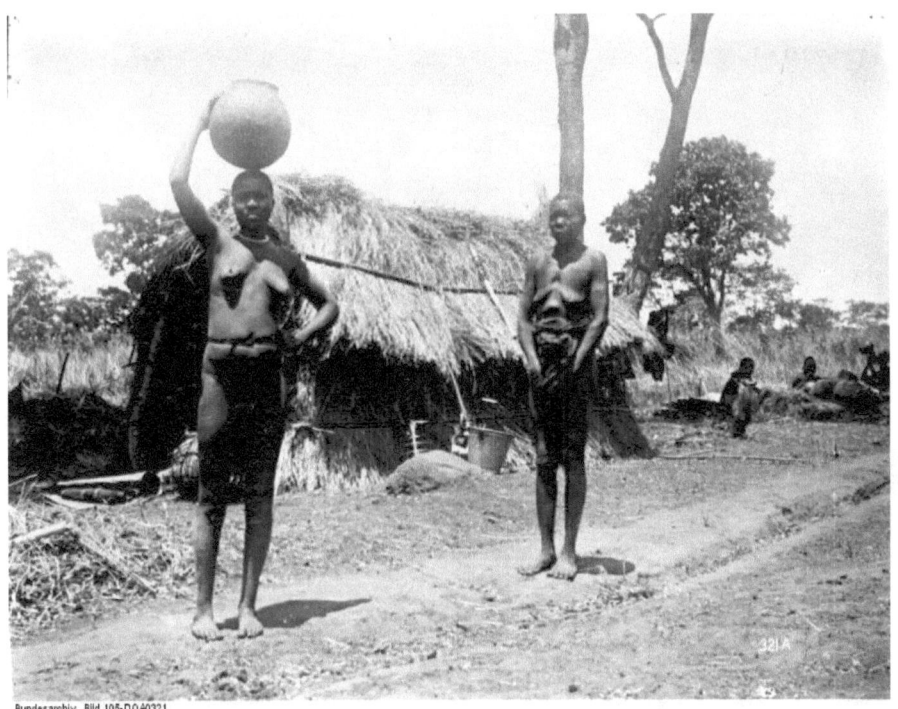

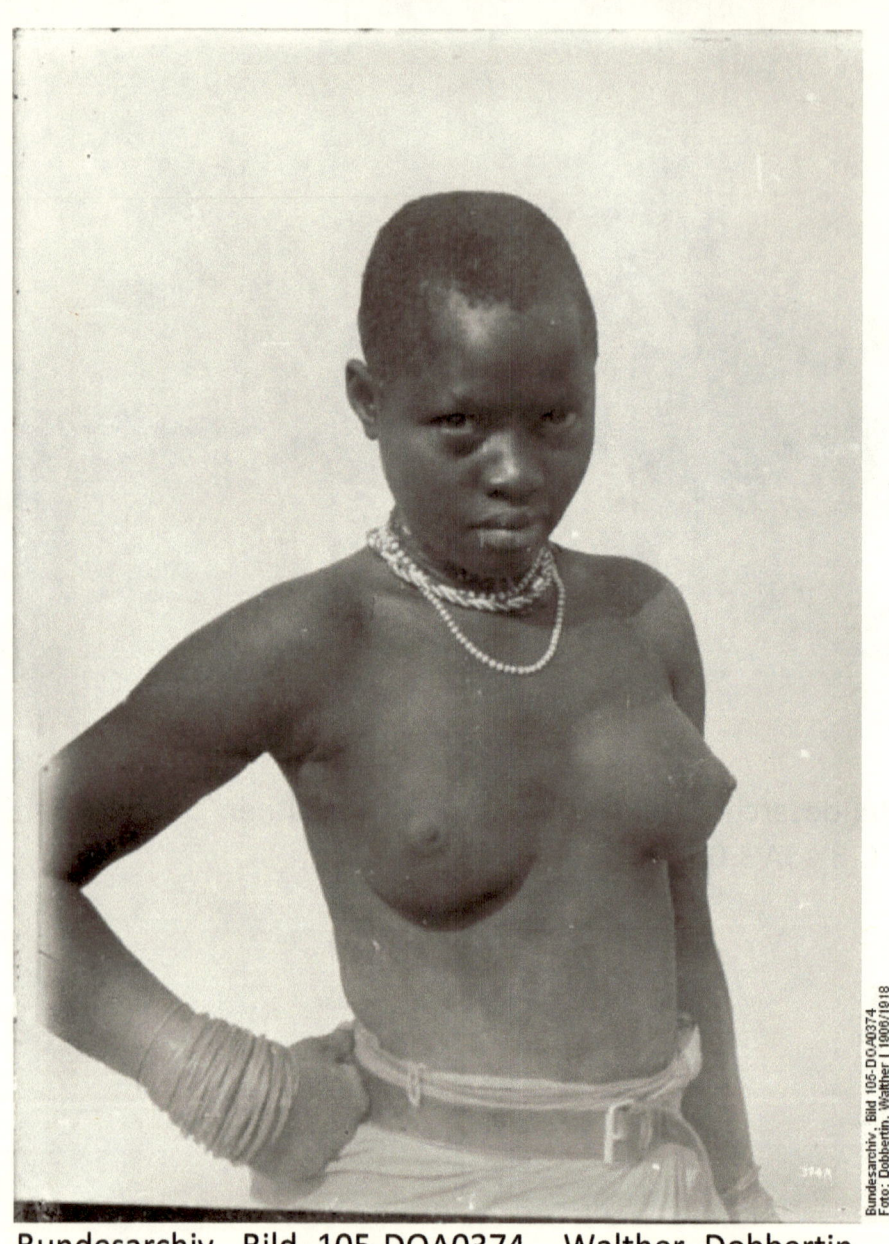

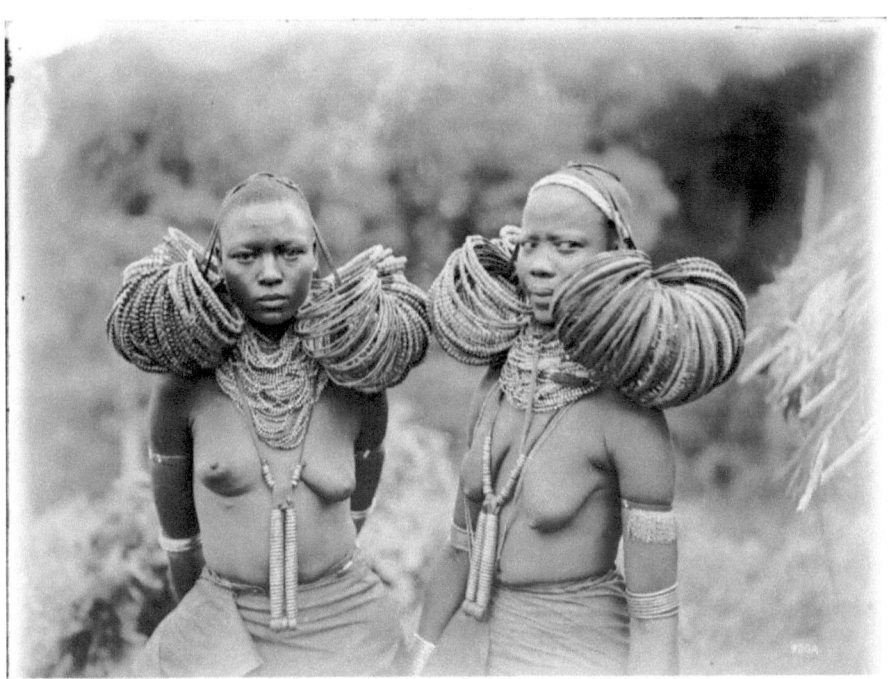

Bundesarchiv, Bild 105-DOA0790   Walther Dobbertin
CC-BY-SA 3.0

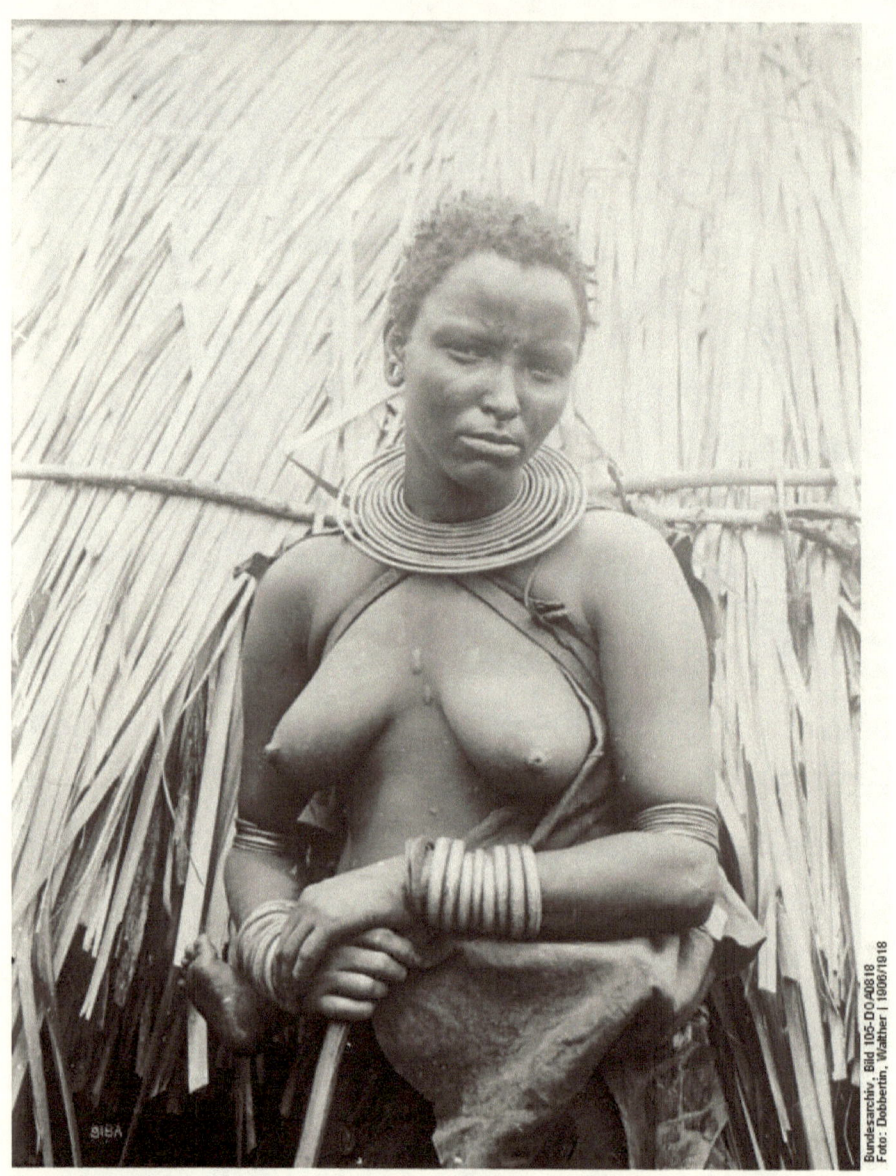

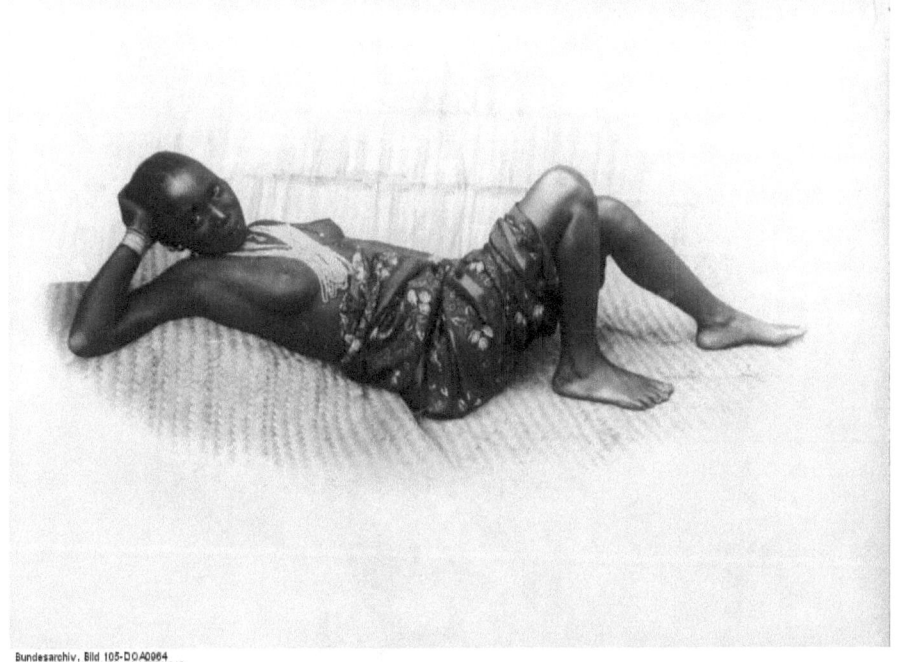

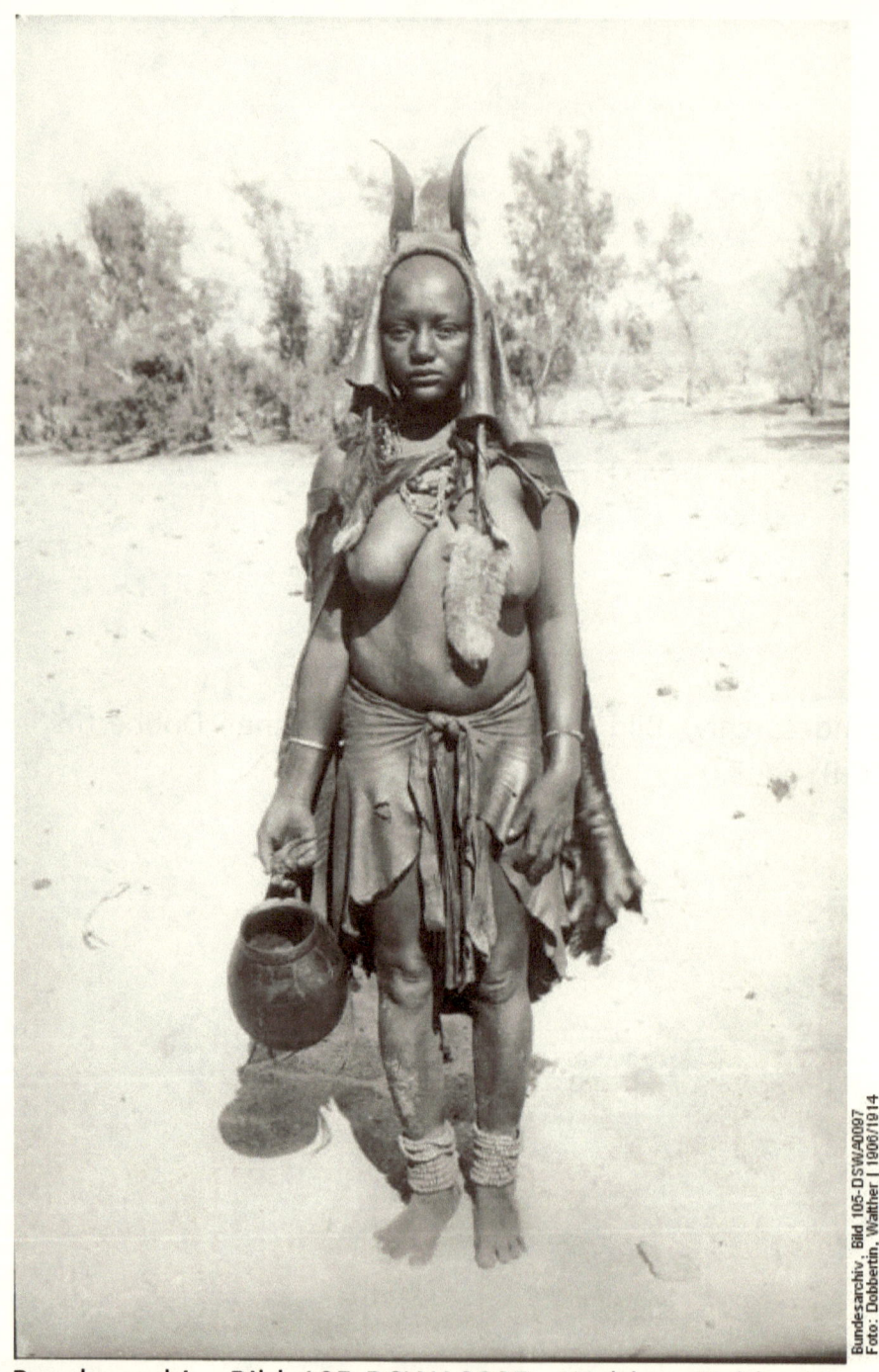

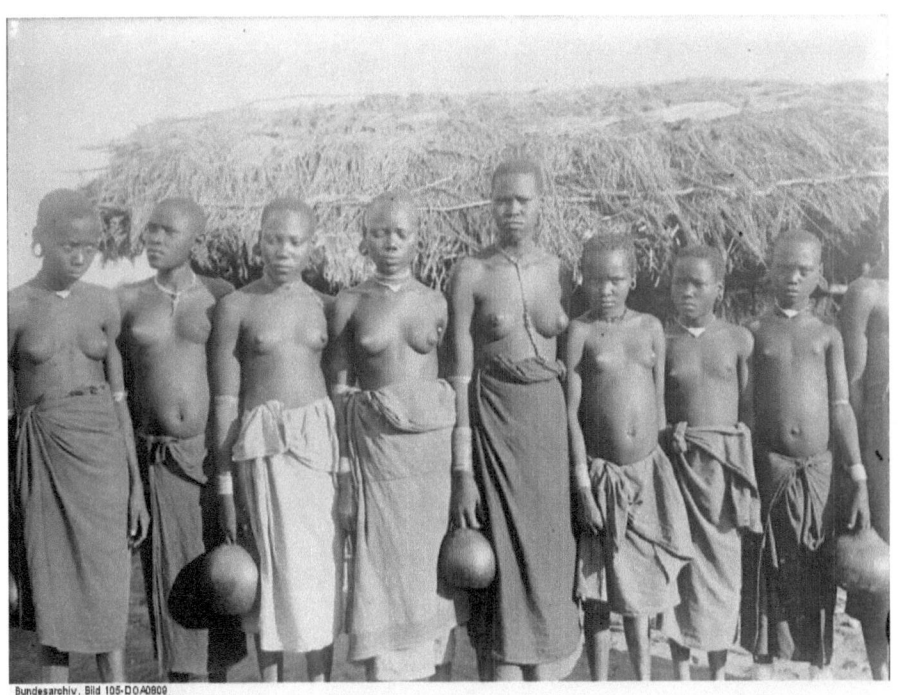

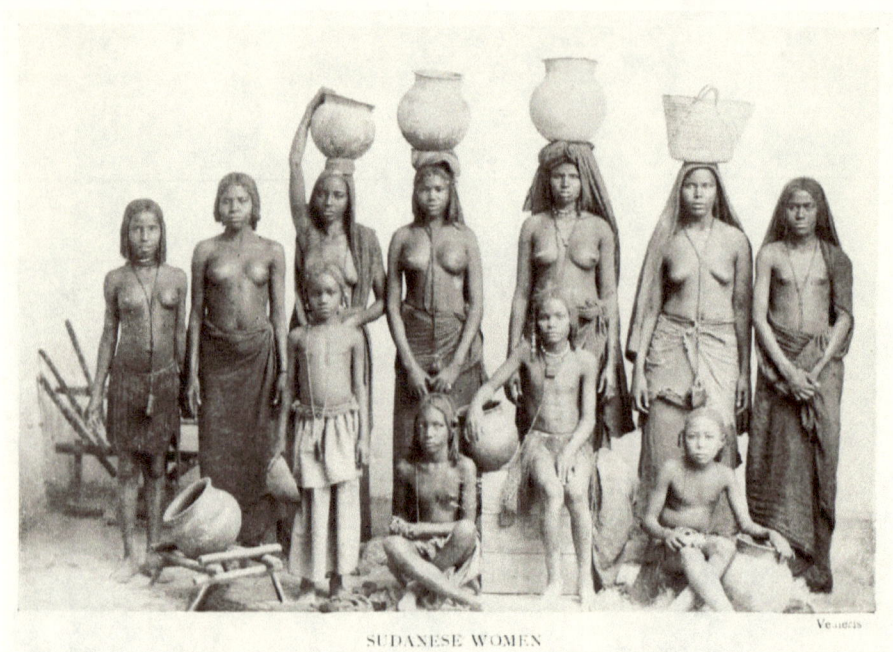

SUDANESE WOMEN

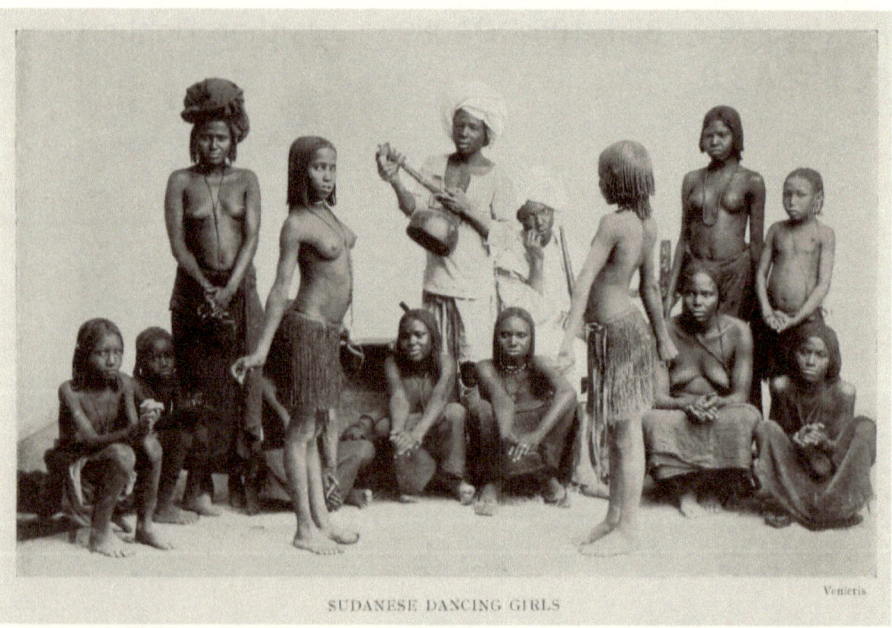

SUDANESE DANCING GIRLS

Copyright der beiden vorstehenden Bilder: Venieris, M

Bilder aus Asien

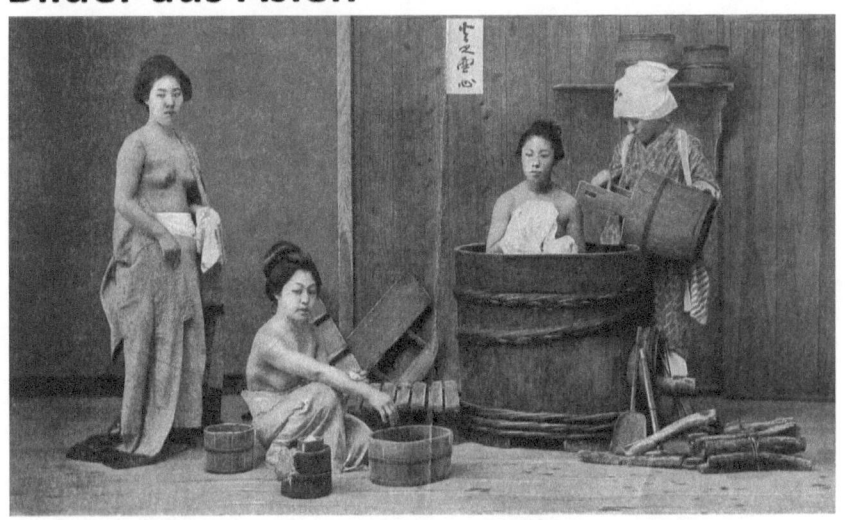

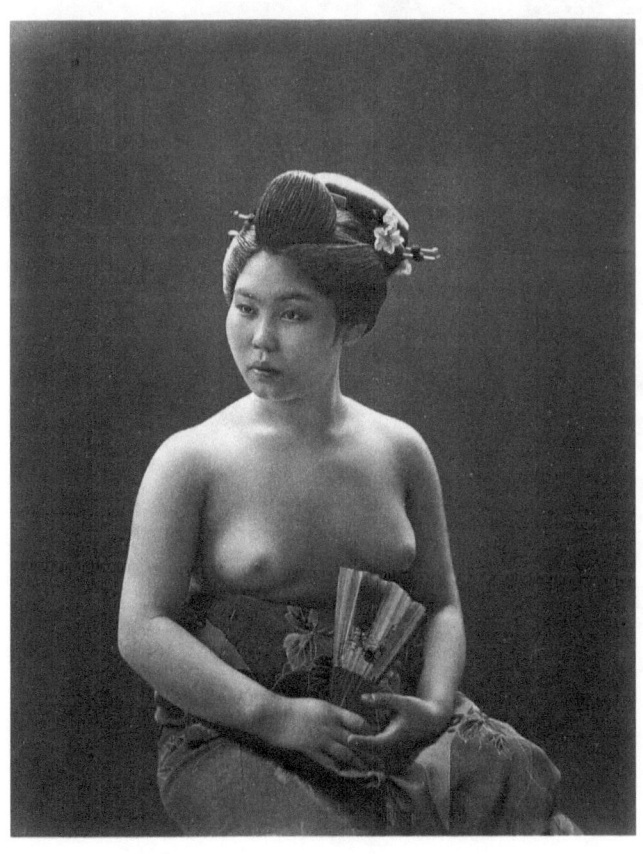

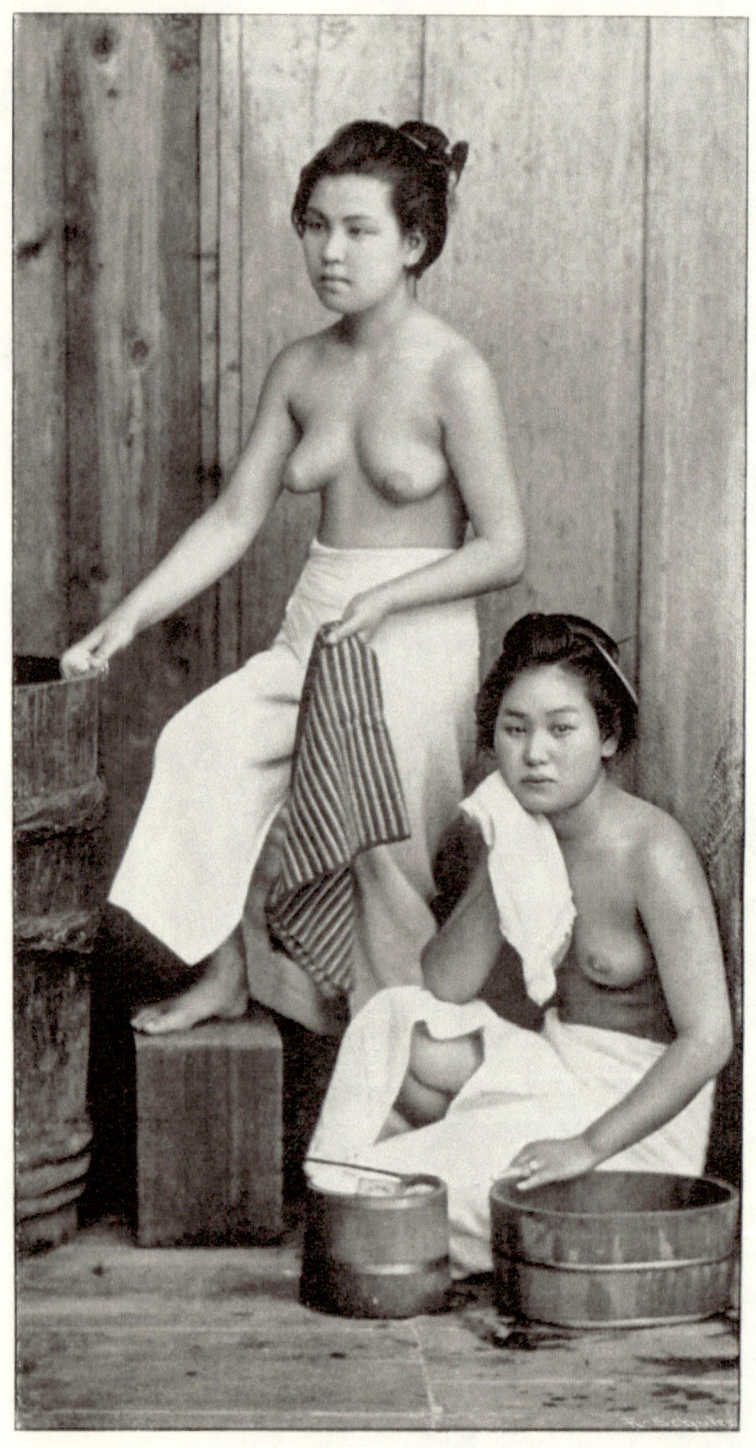

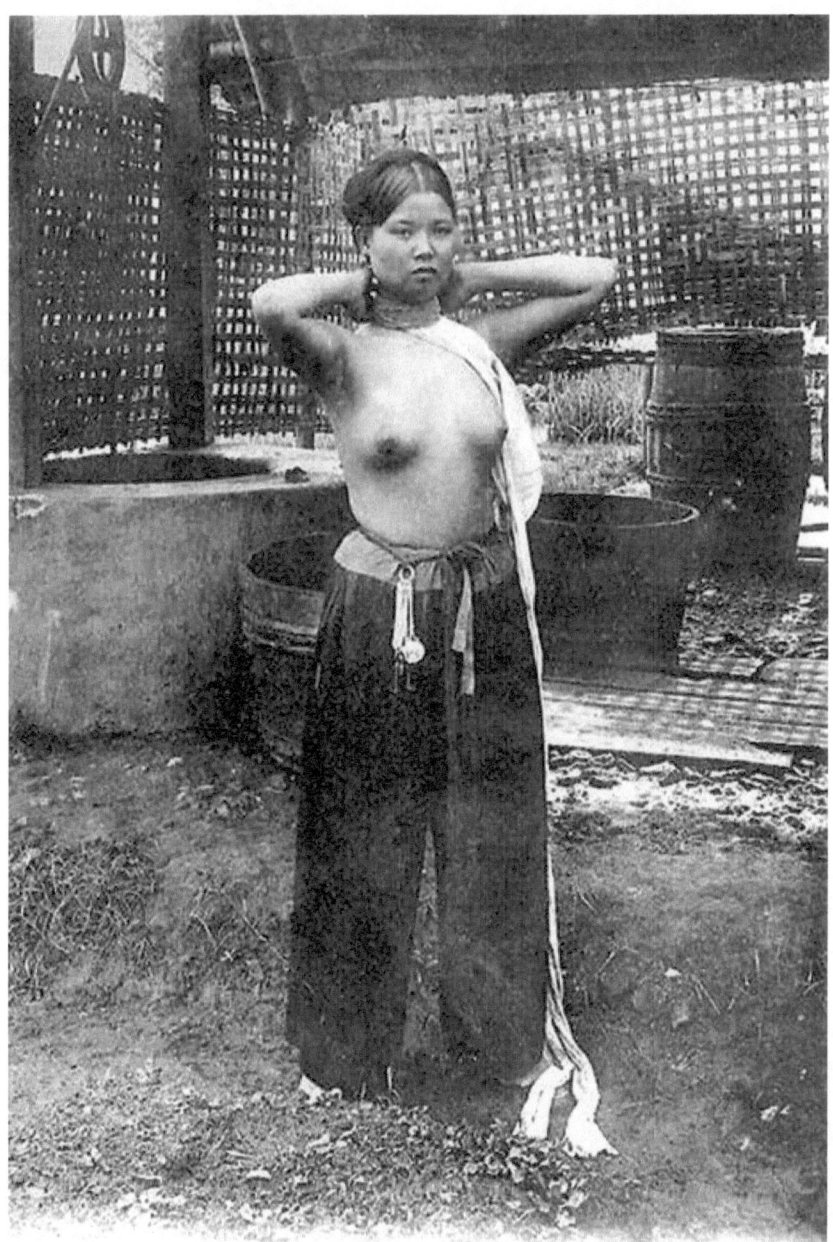

Die nachfolgenden Bilder auf den Seiten 52 - 55 stammen aus dem „Bundesarchiv" der Bundesrepublik Deutschland (Tibet-Expedition).

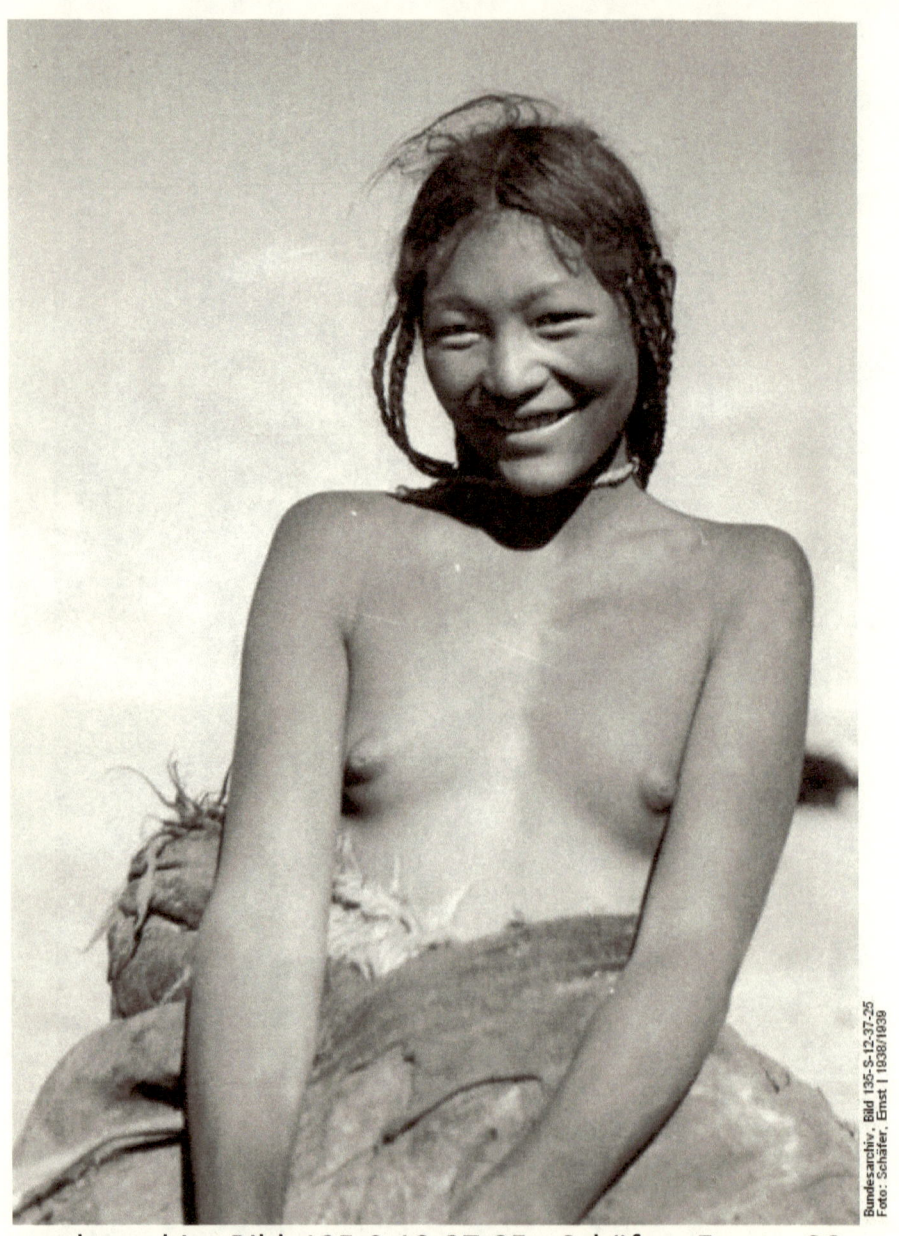

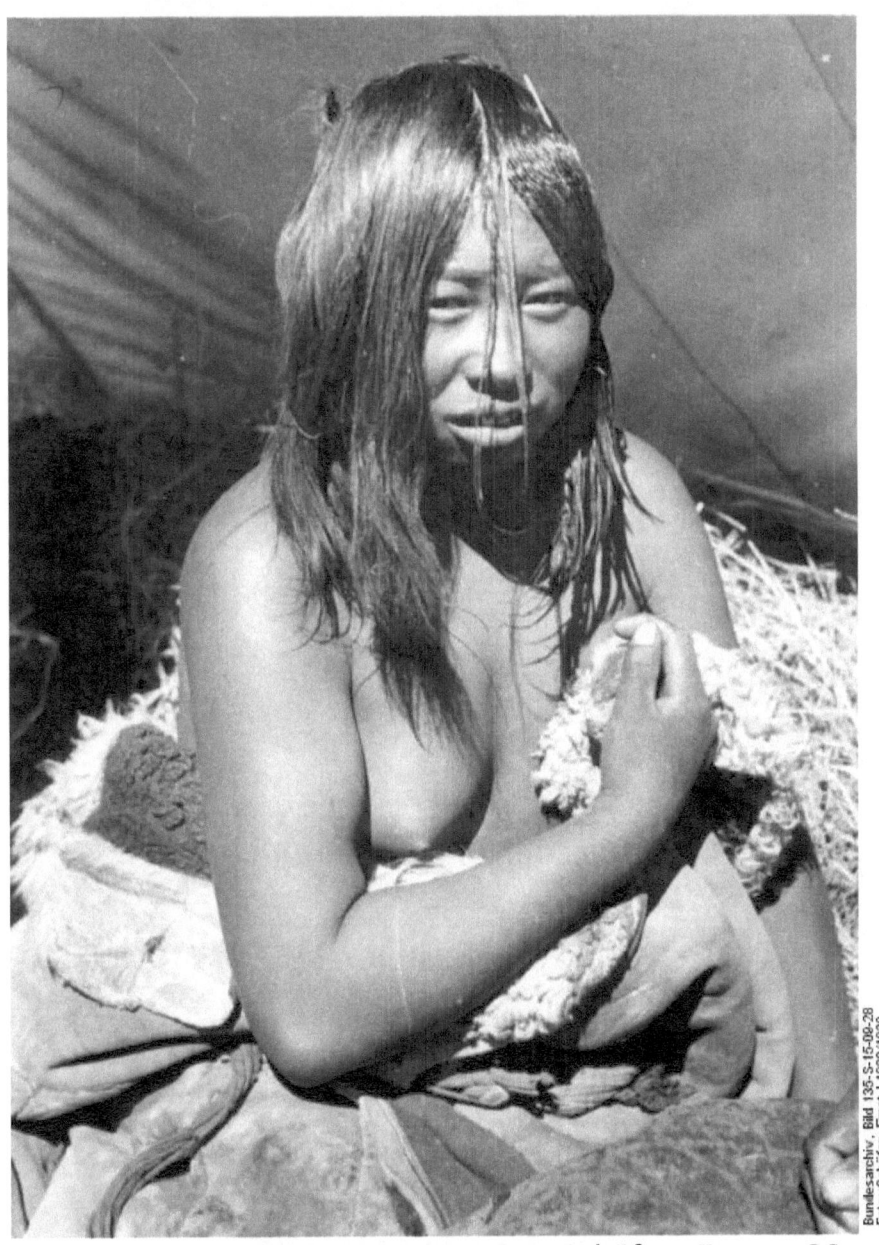

Bundesarchiv, Bild 135-S-15-09-28
Foto: Schäfer, Ernst | 1938/1939

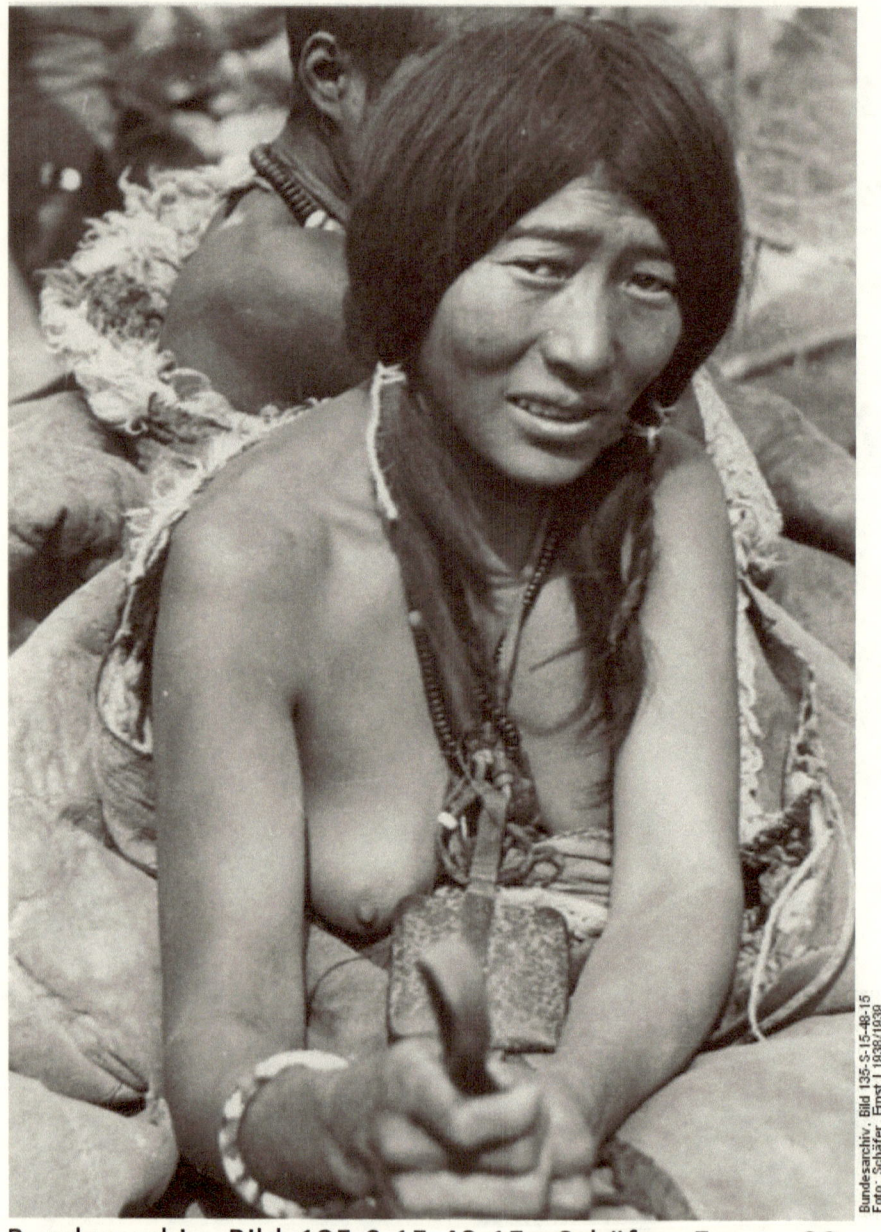

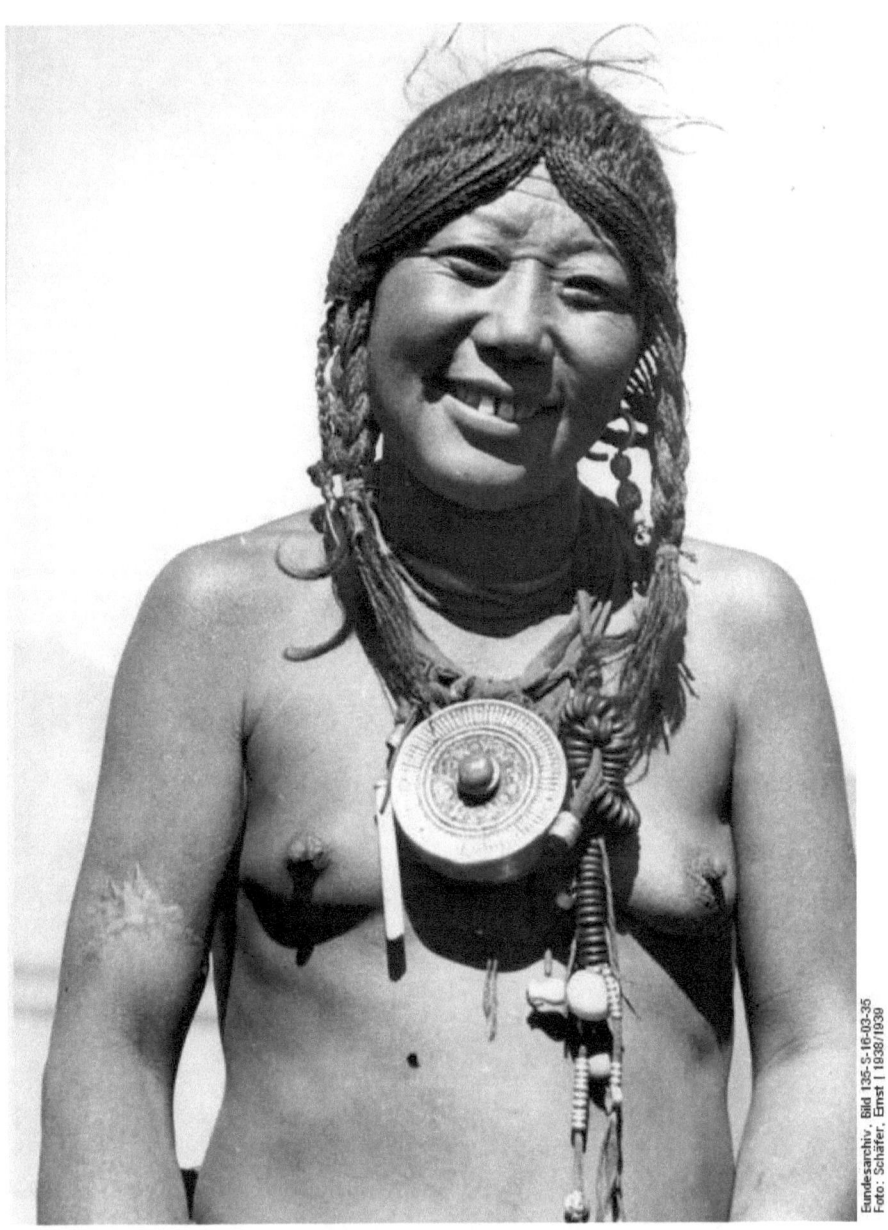

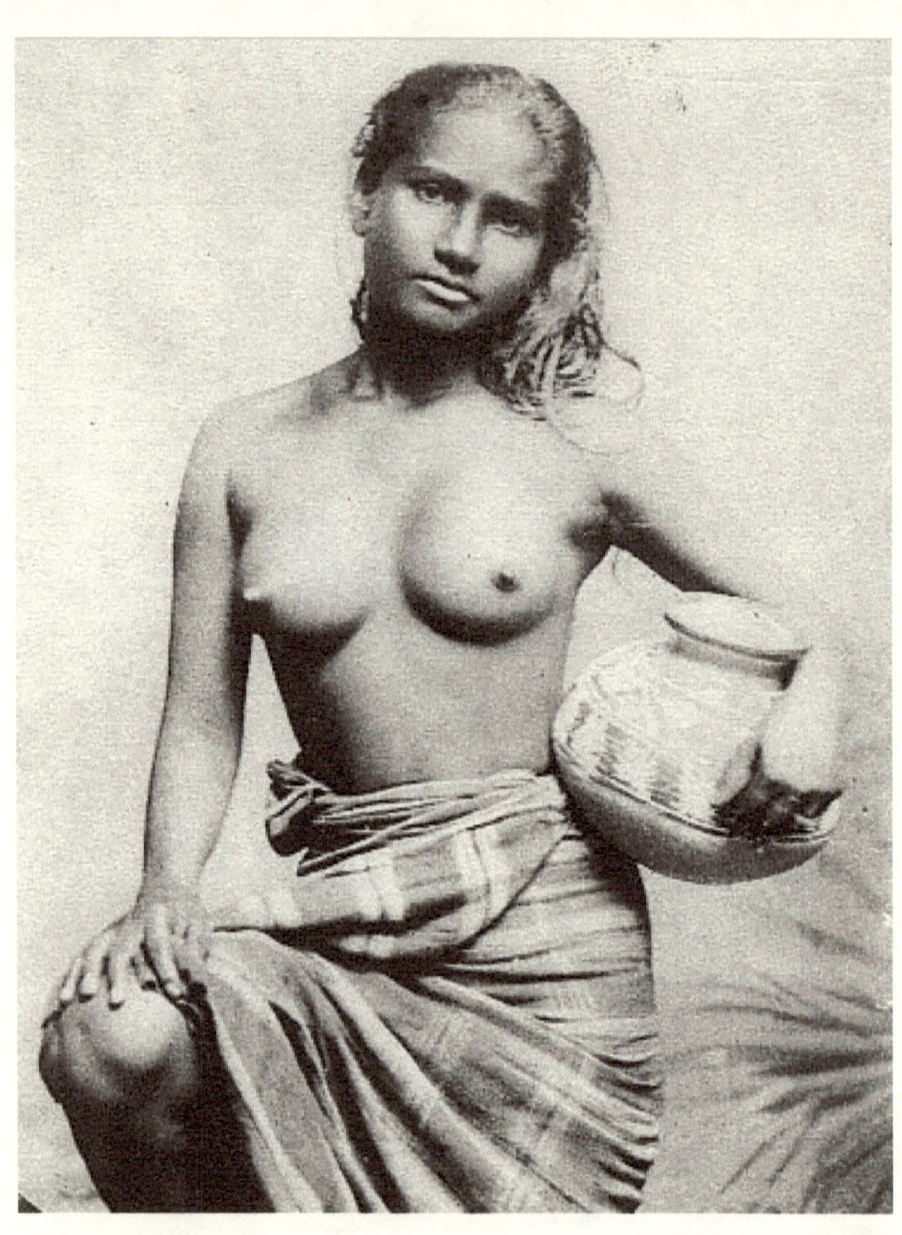

Bilder aus Australien und Ozeanien

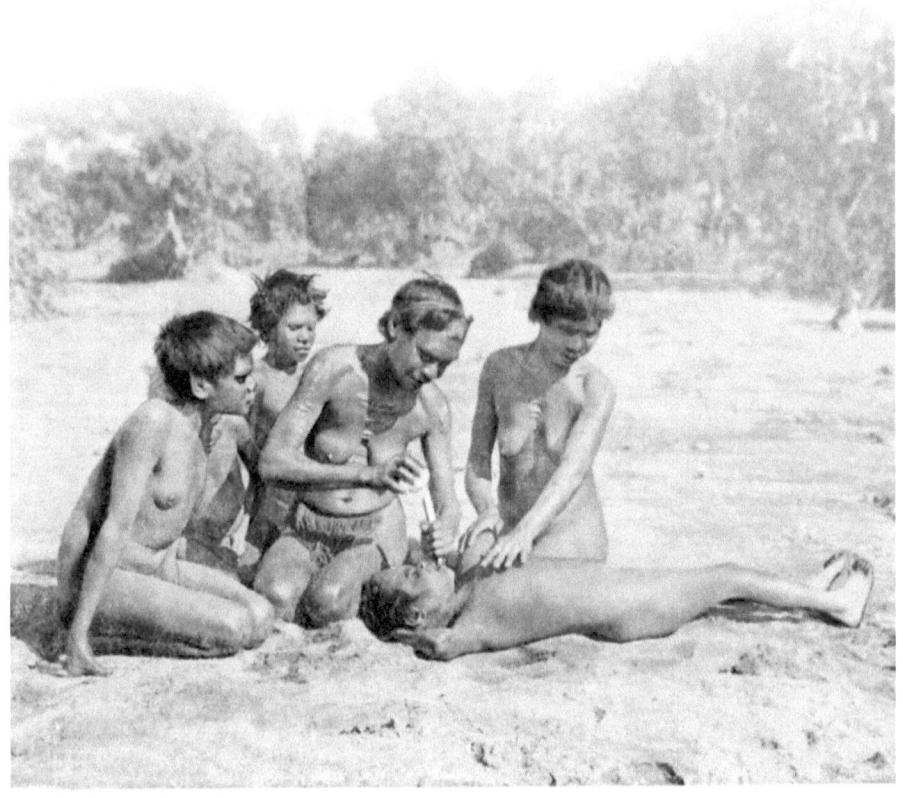

Die nachfolgenden Bilder auf den Seiten 57 - 65 stammen aus dem „Tropenmuseum, part of the National Museum of World Cultures" der Niederlande.

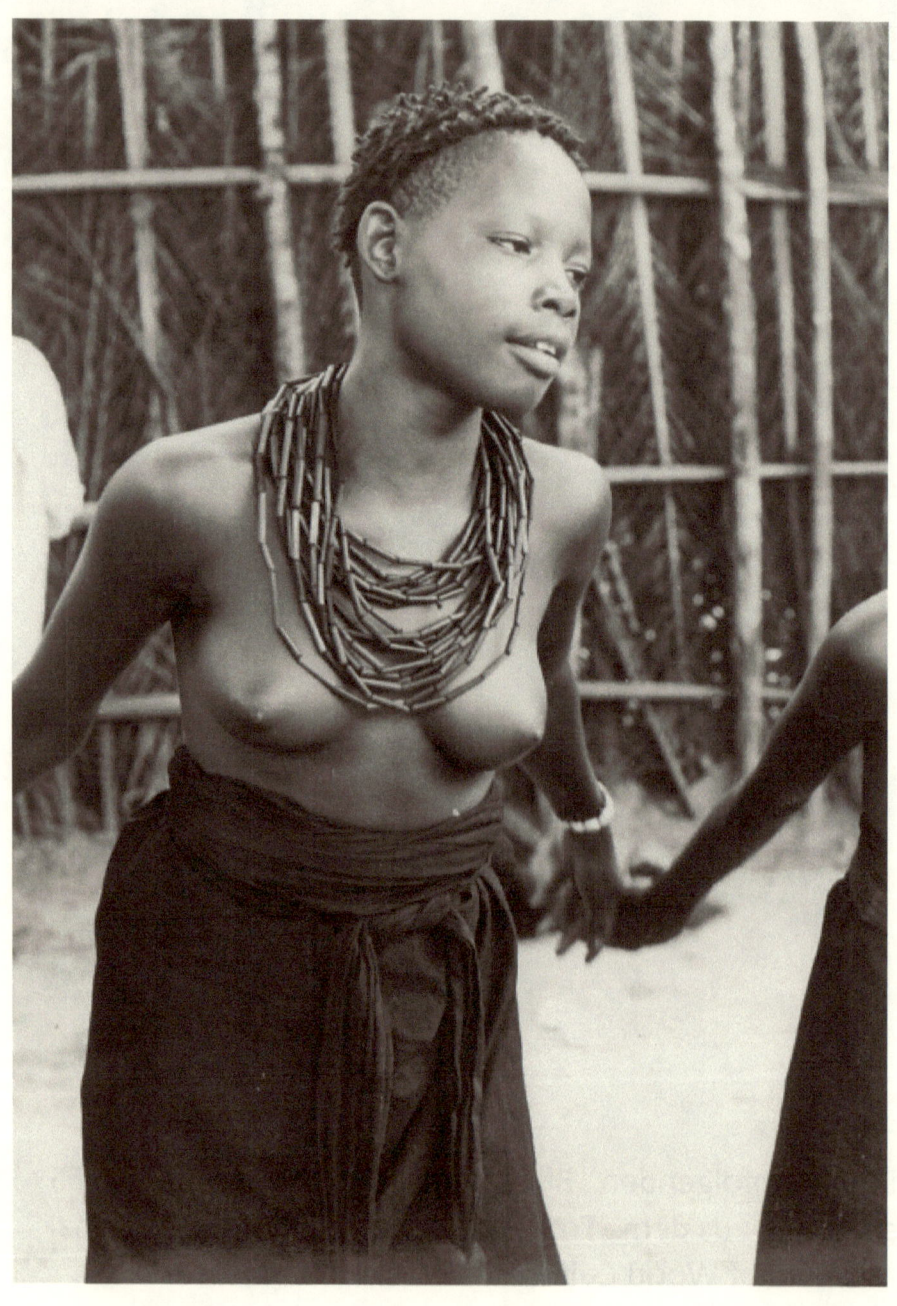

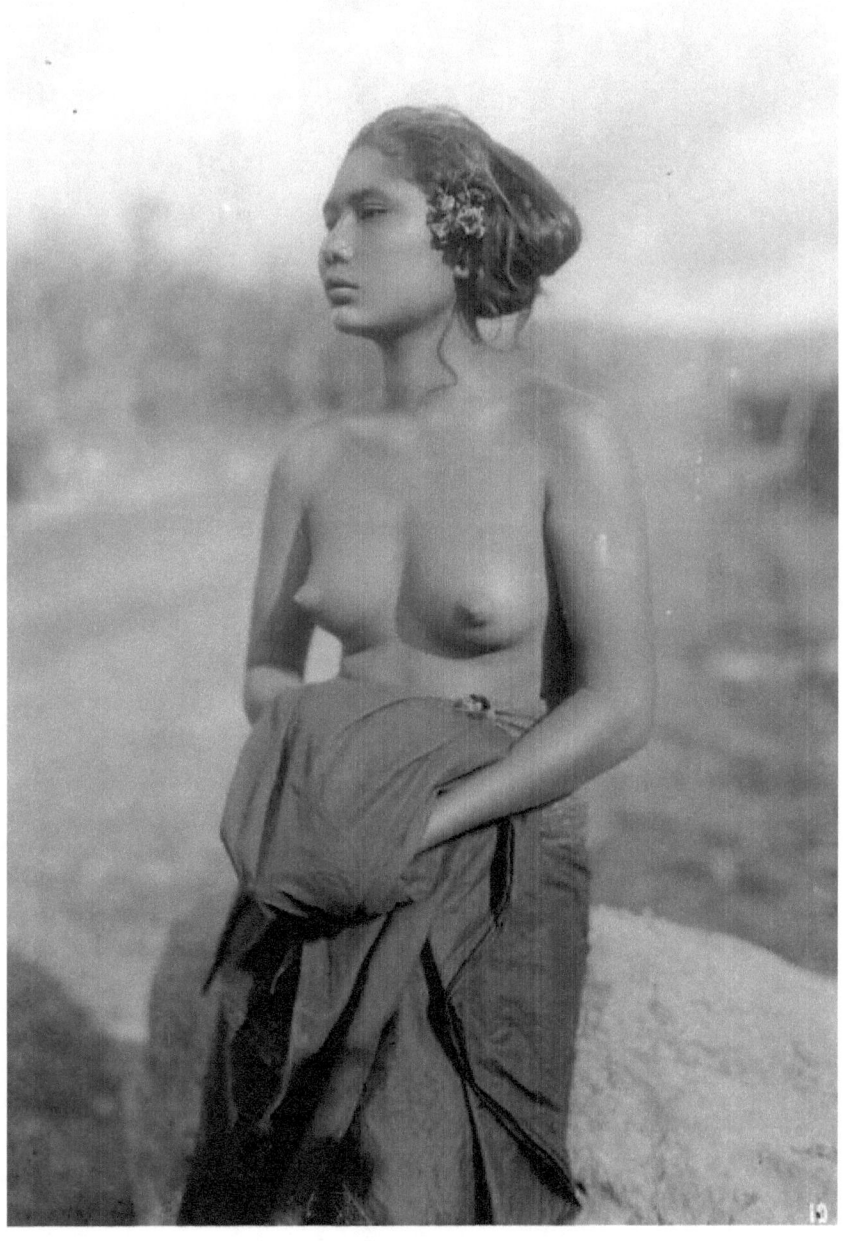

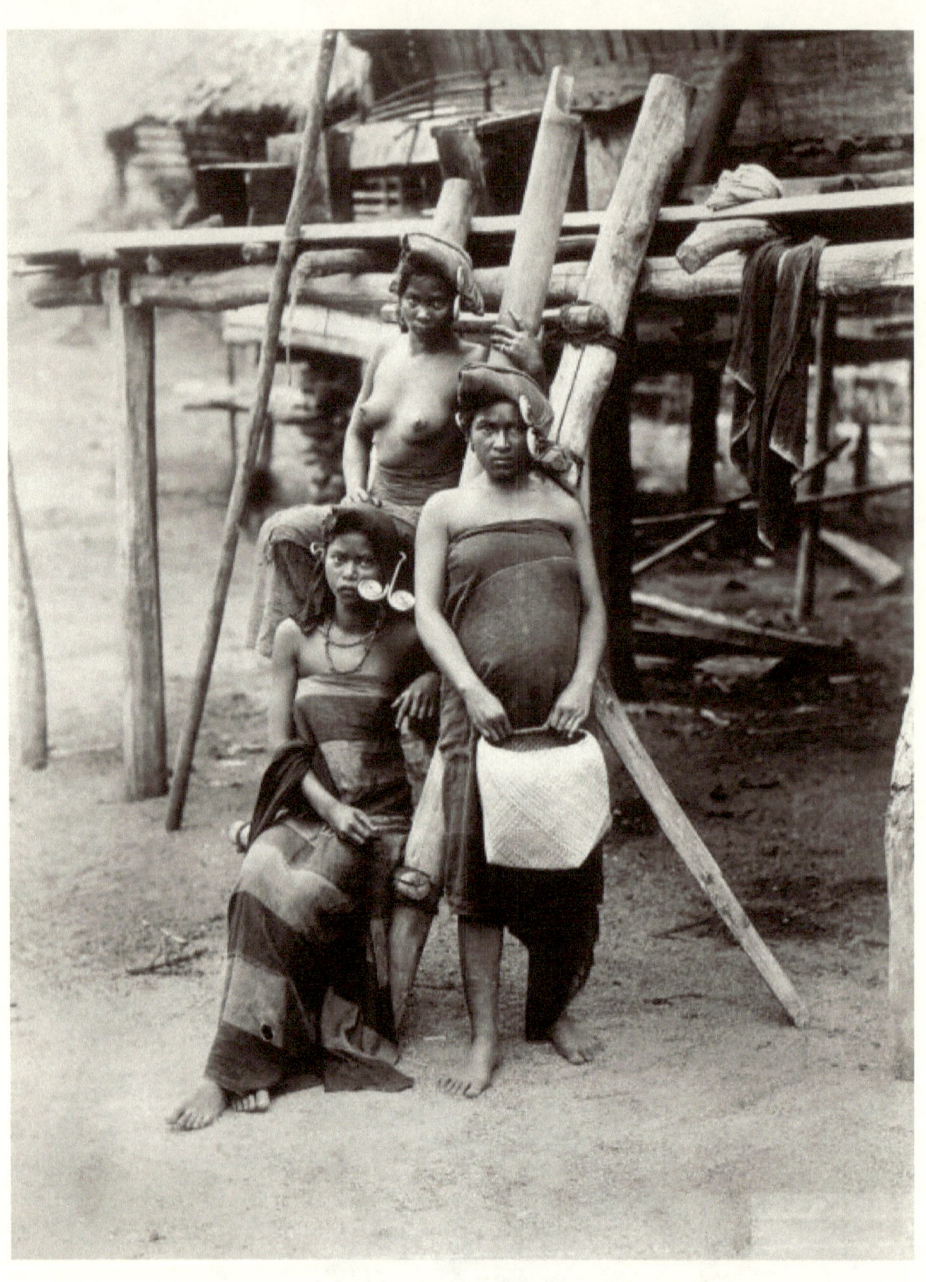

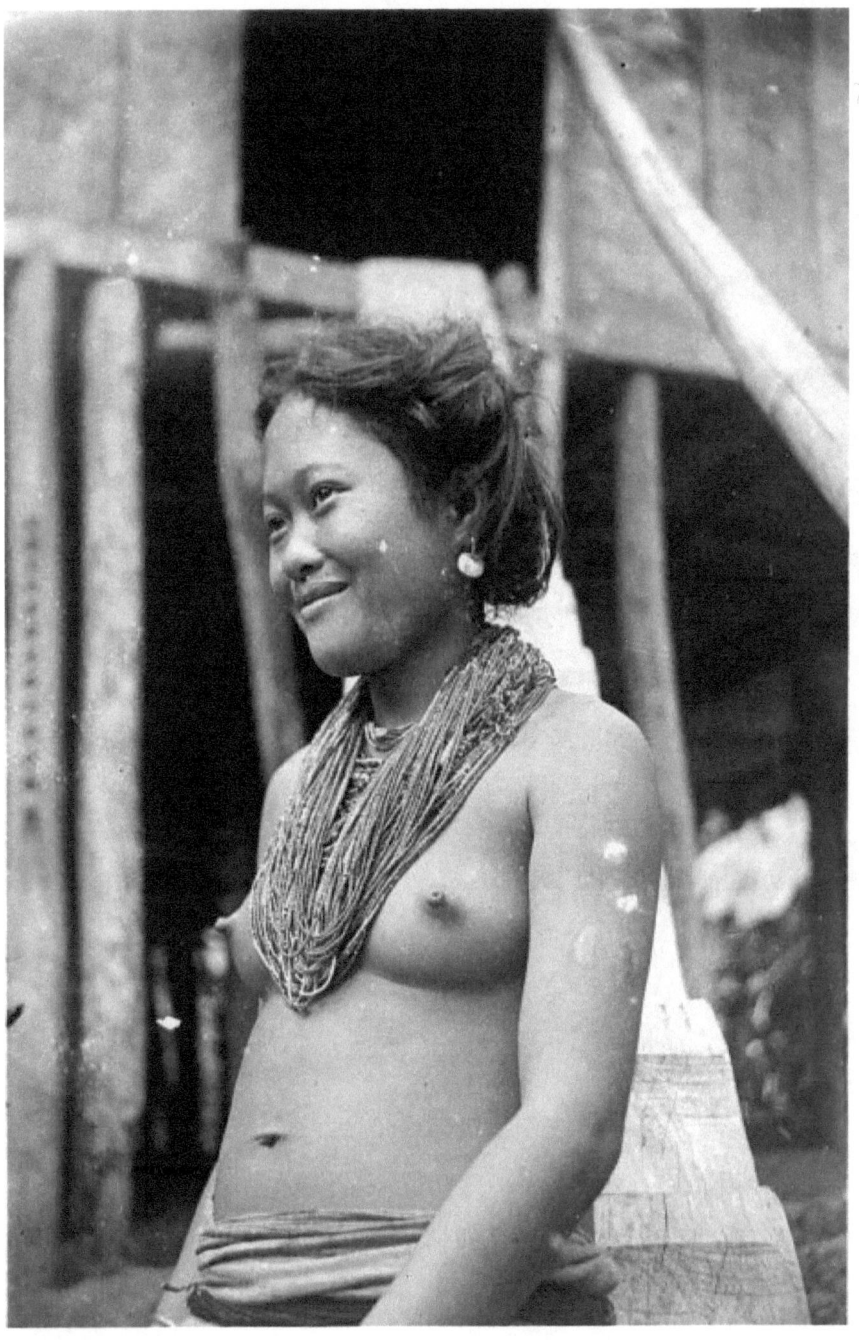

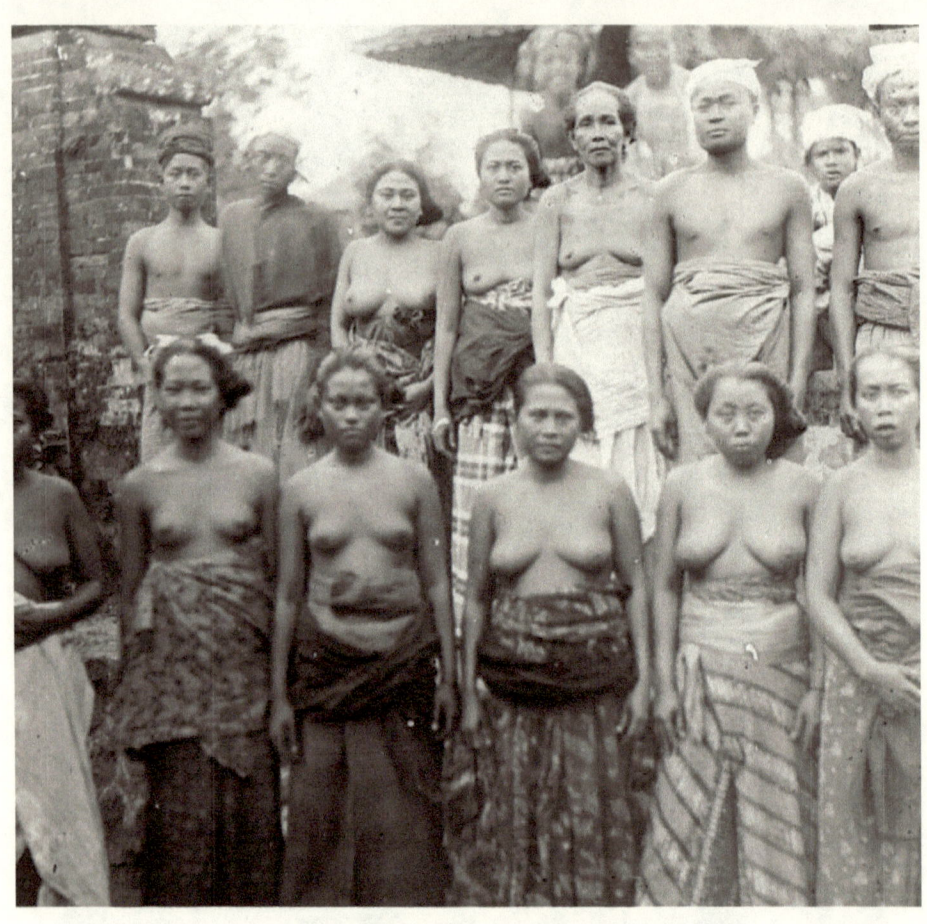

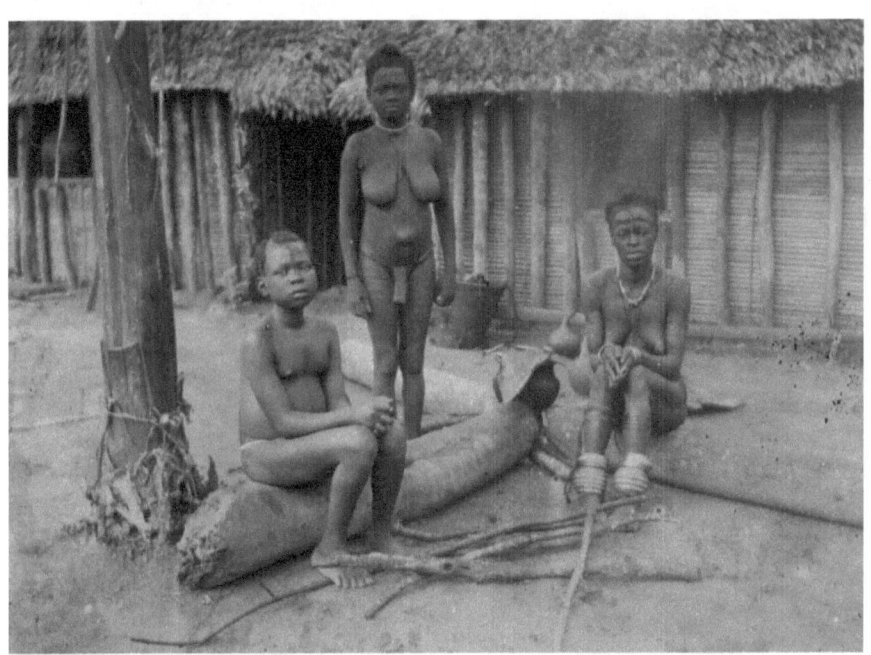

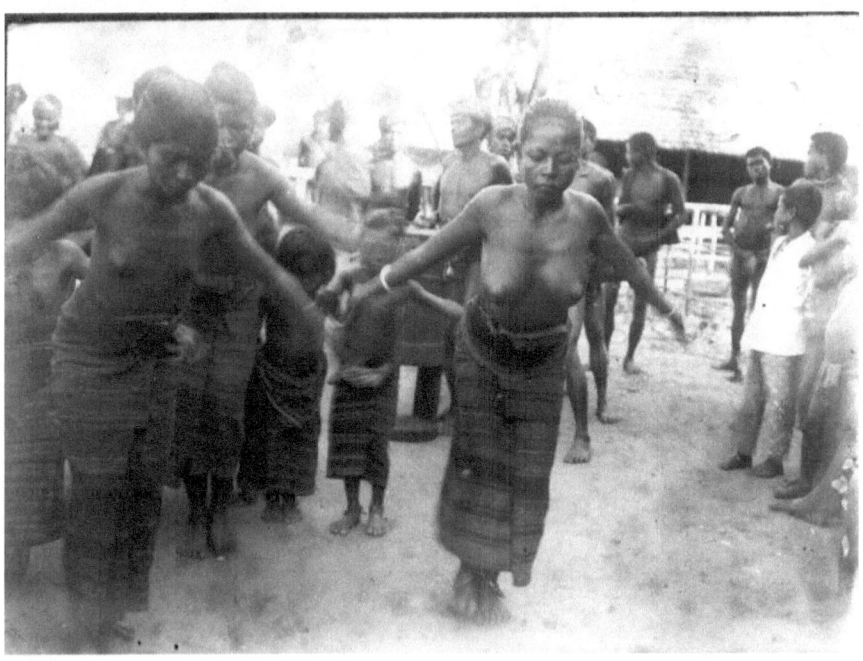

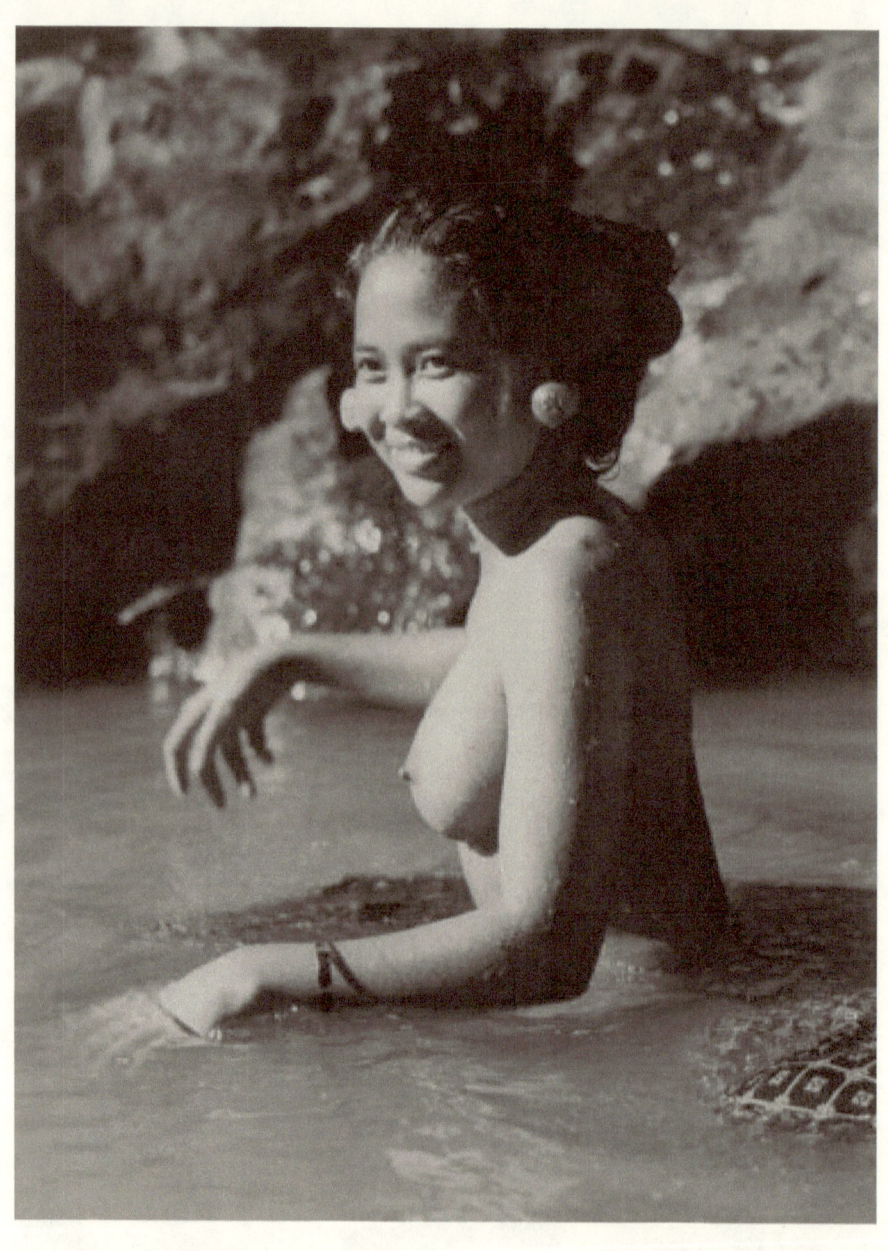

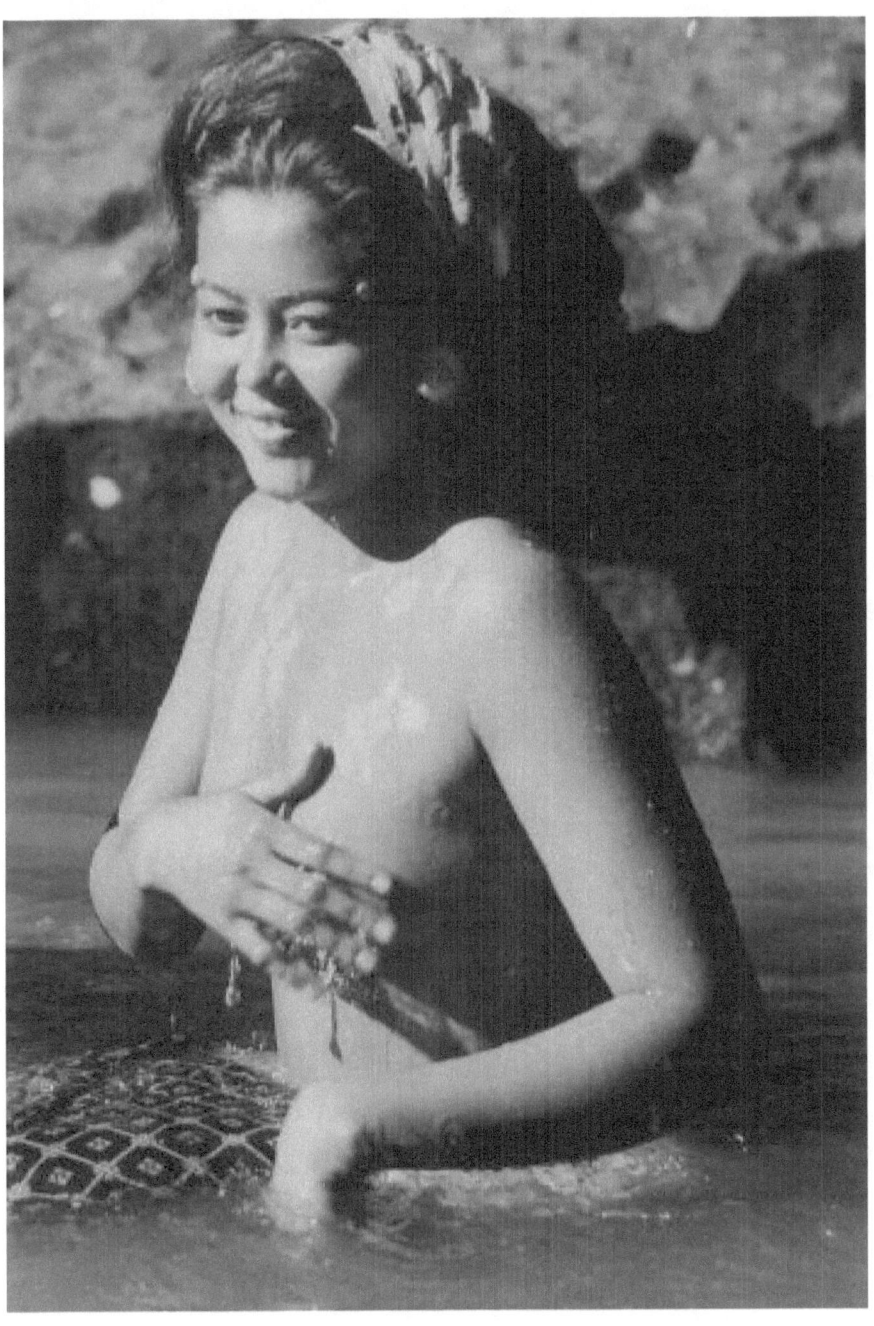

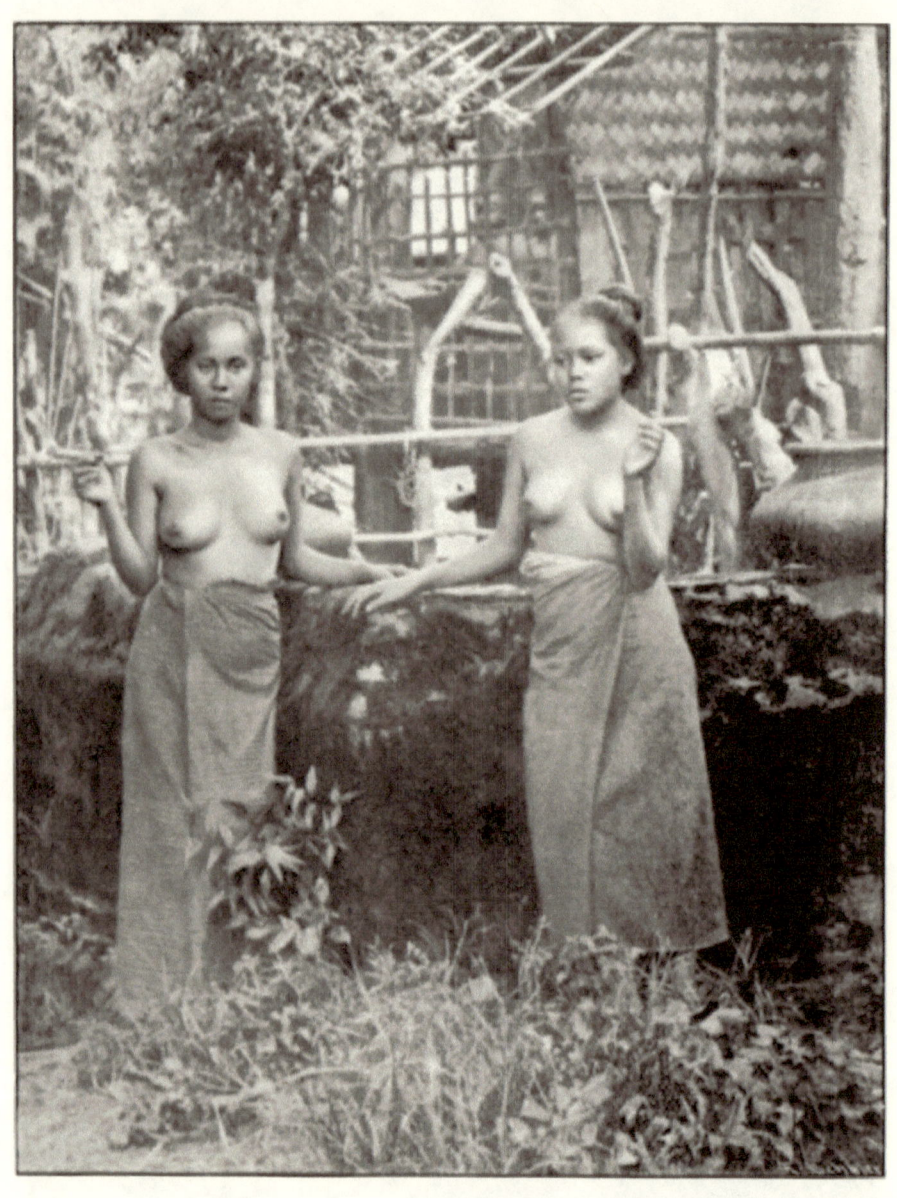

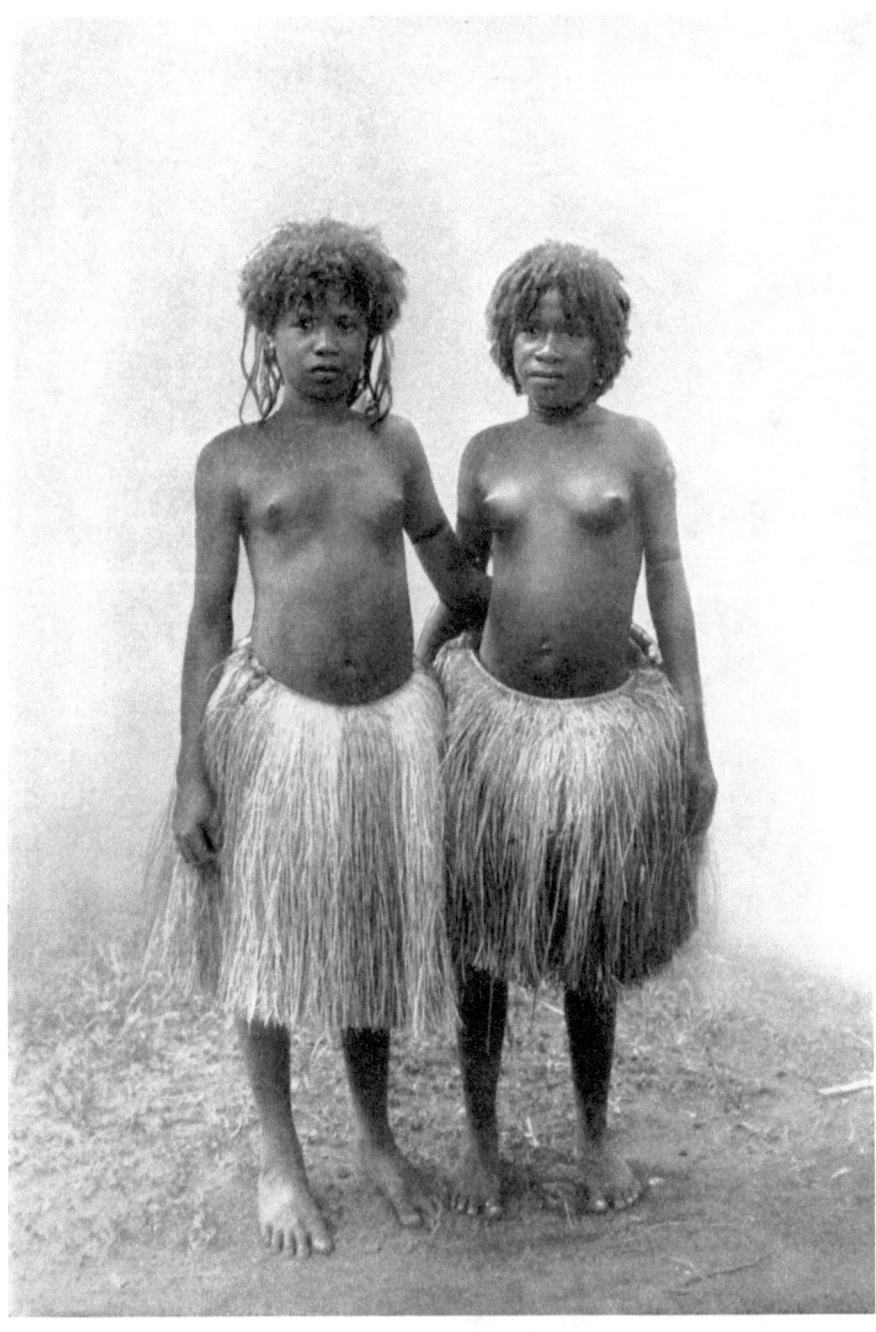

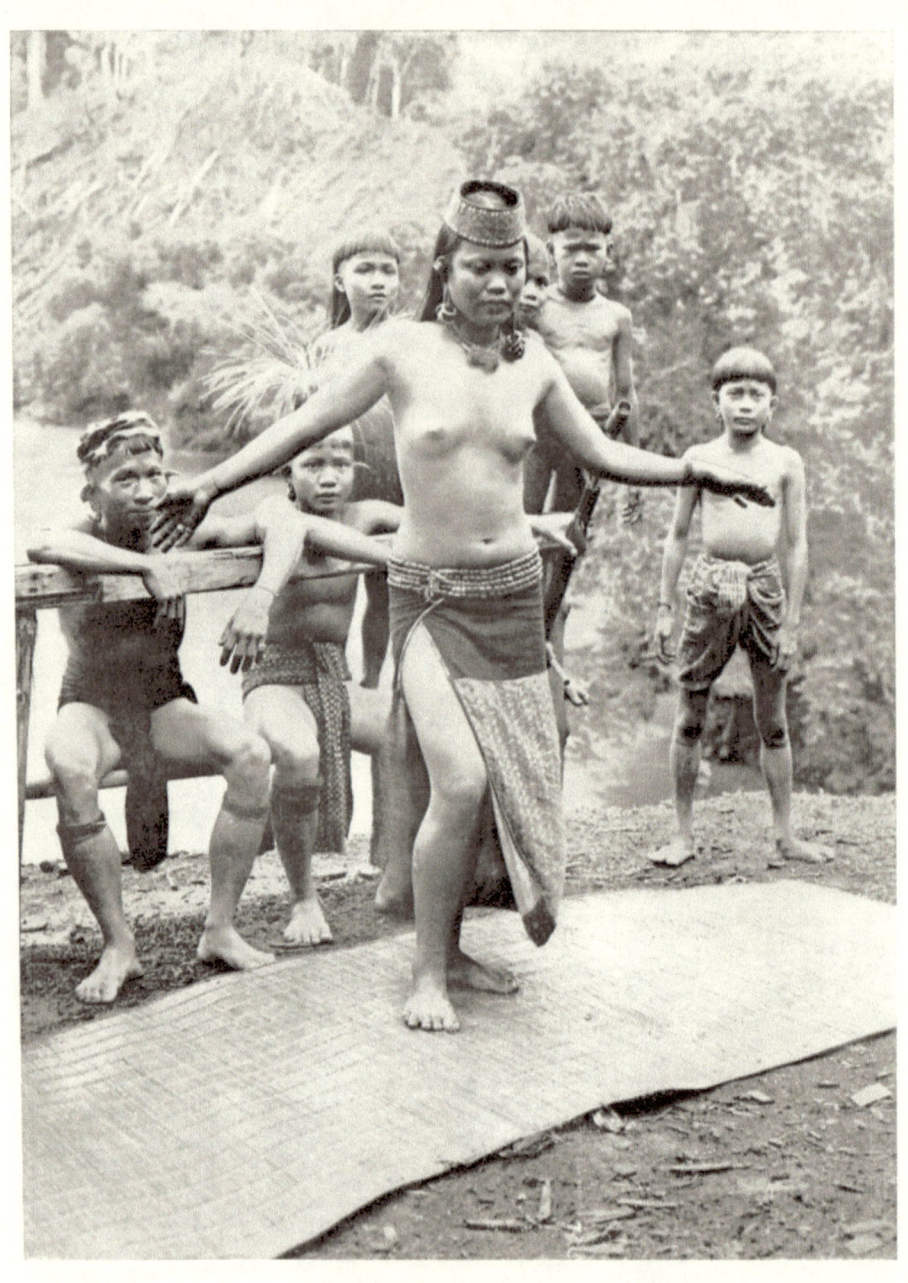

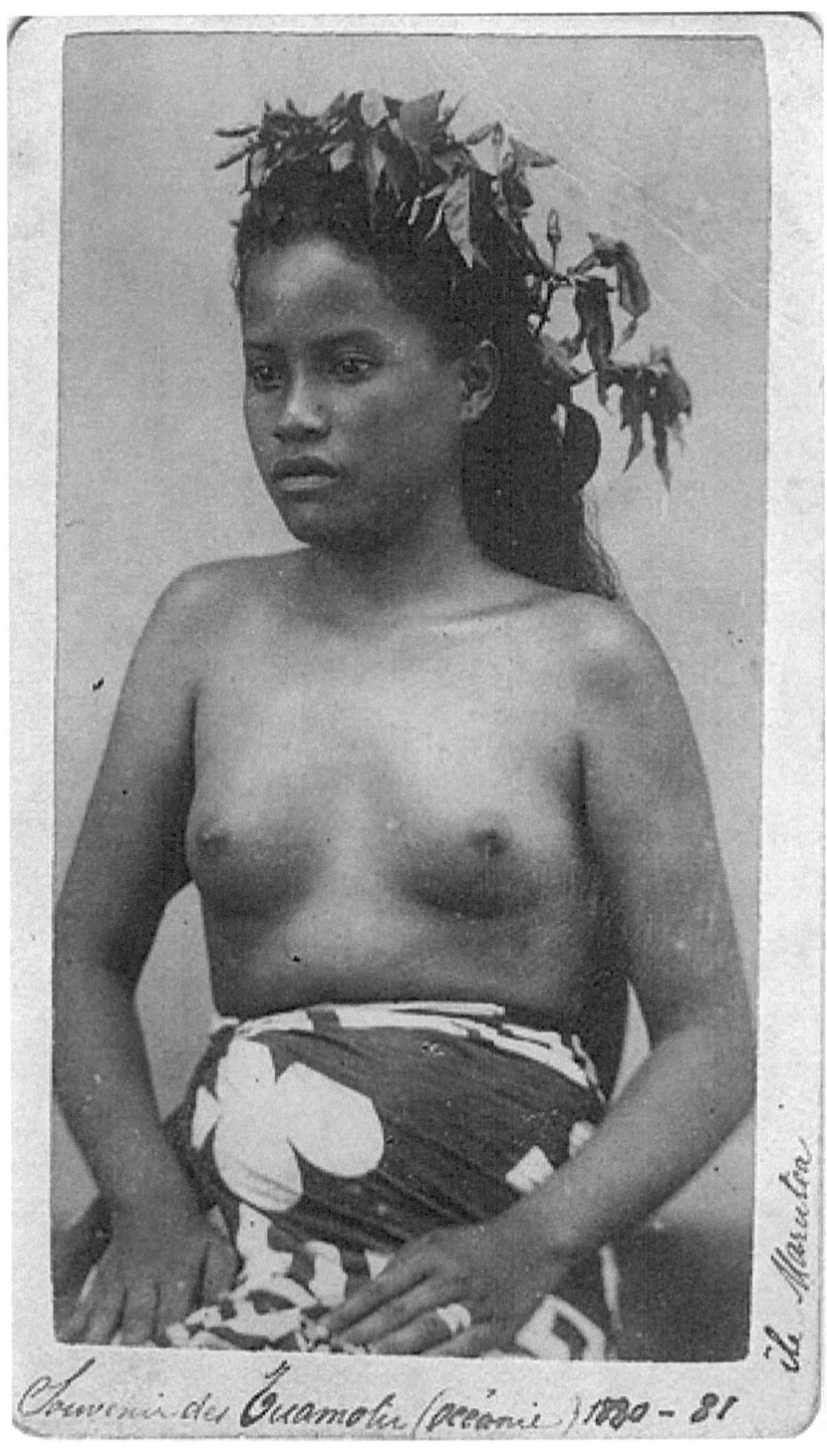

Souvenir des Tuamotu (océanie) 1880 - 81

île Marutea

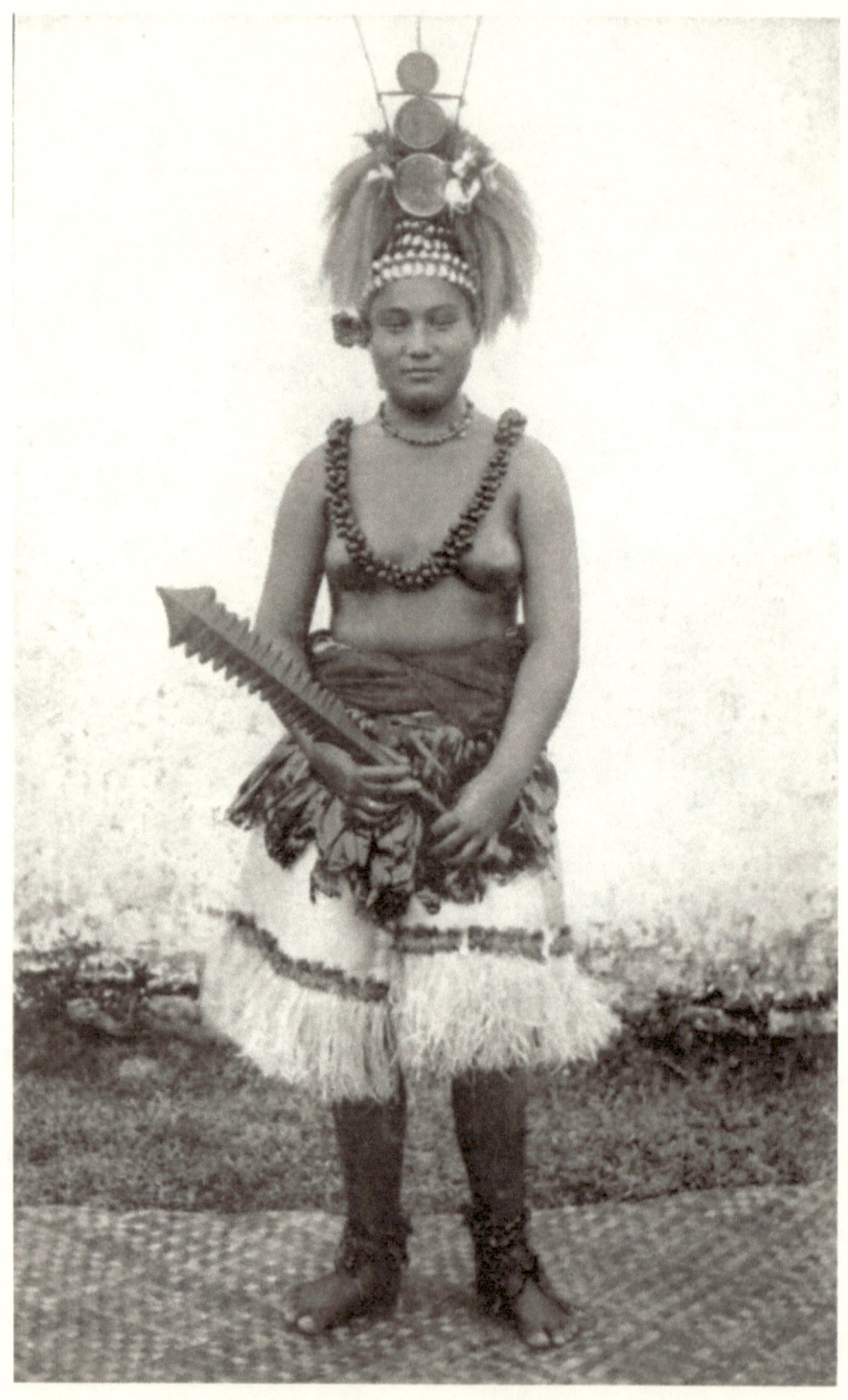

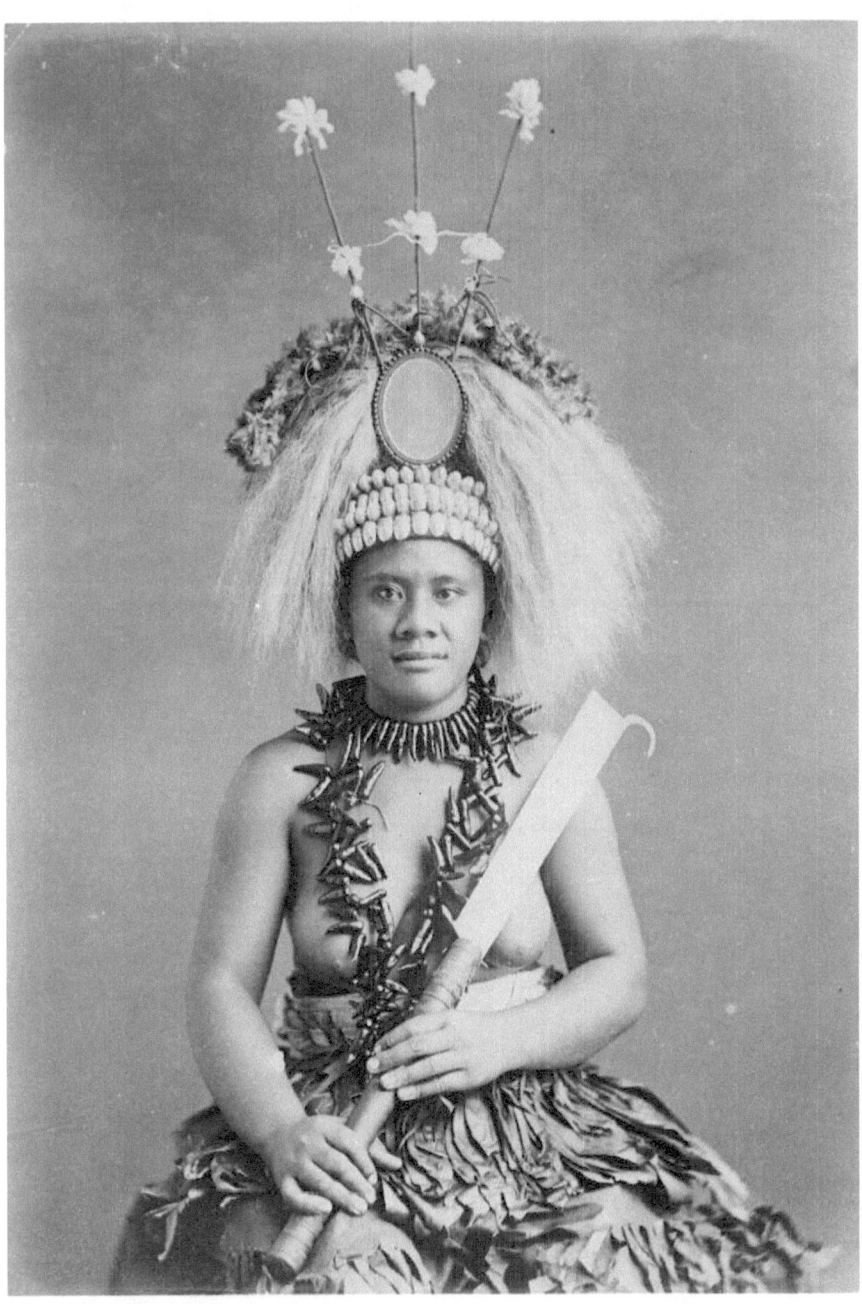

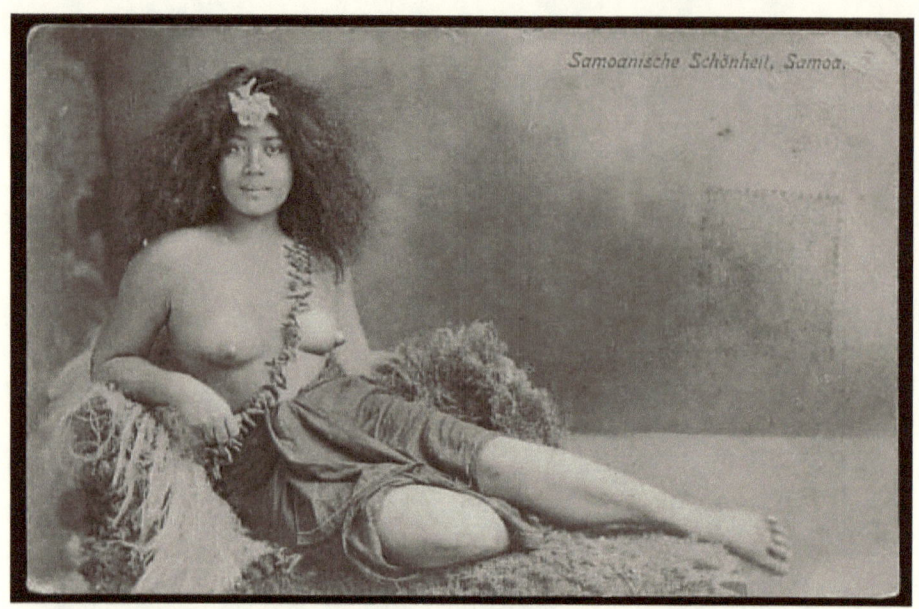

Samoanische Schönheit, Samoa.

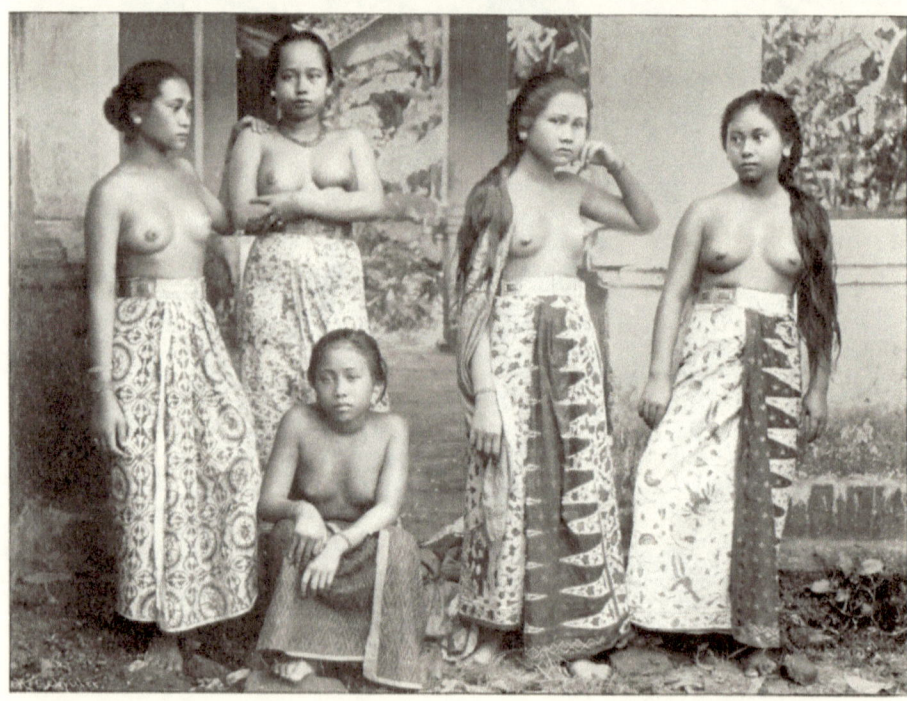

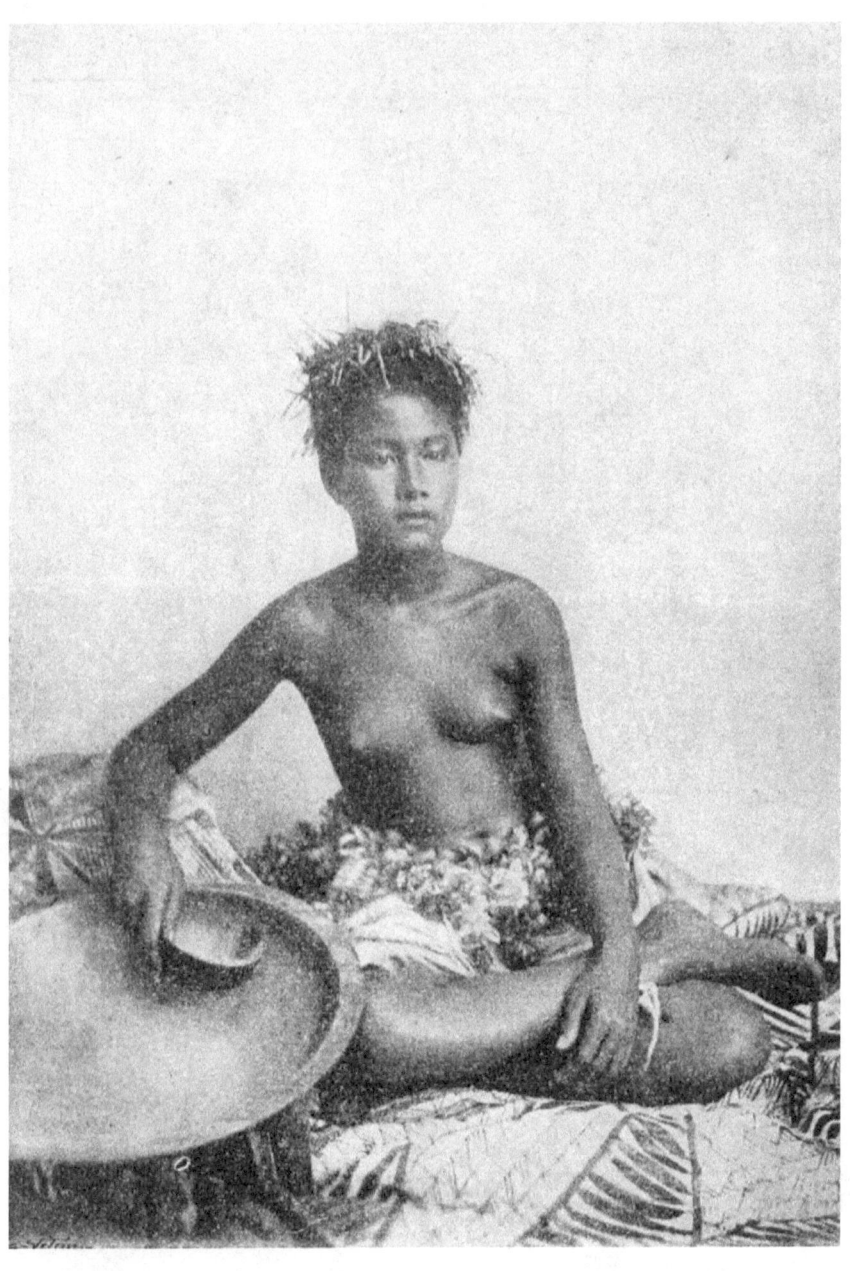

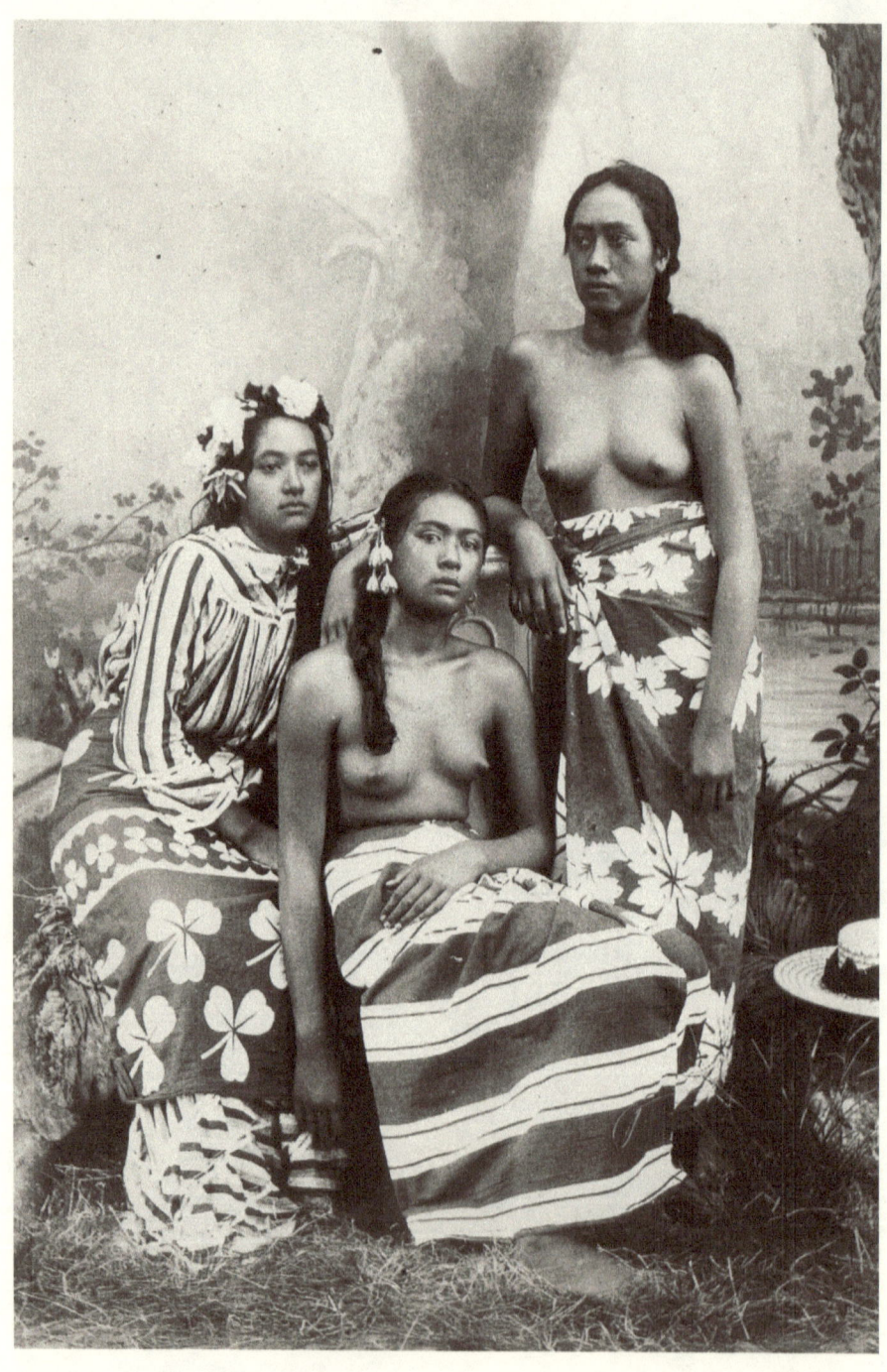

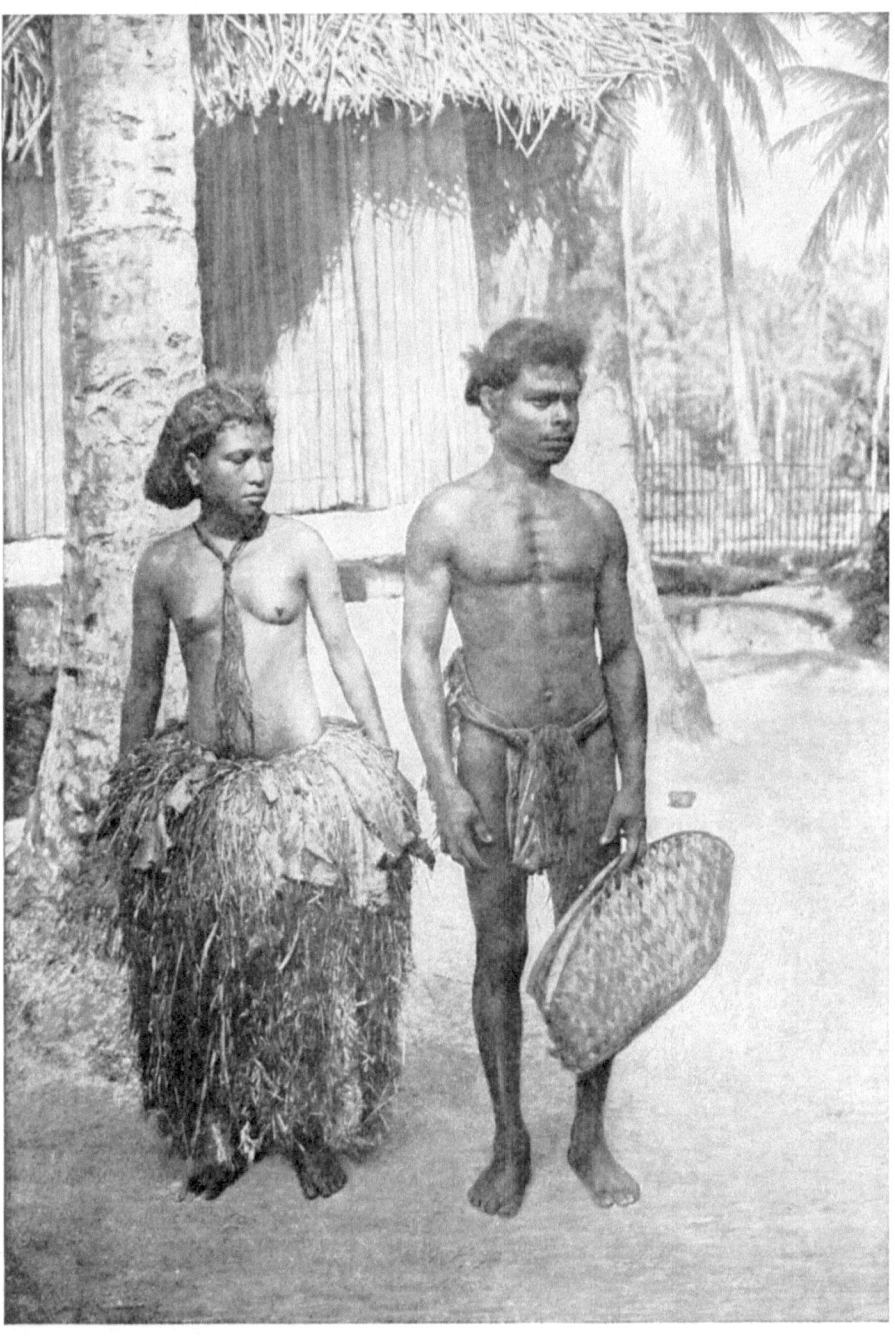

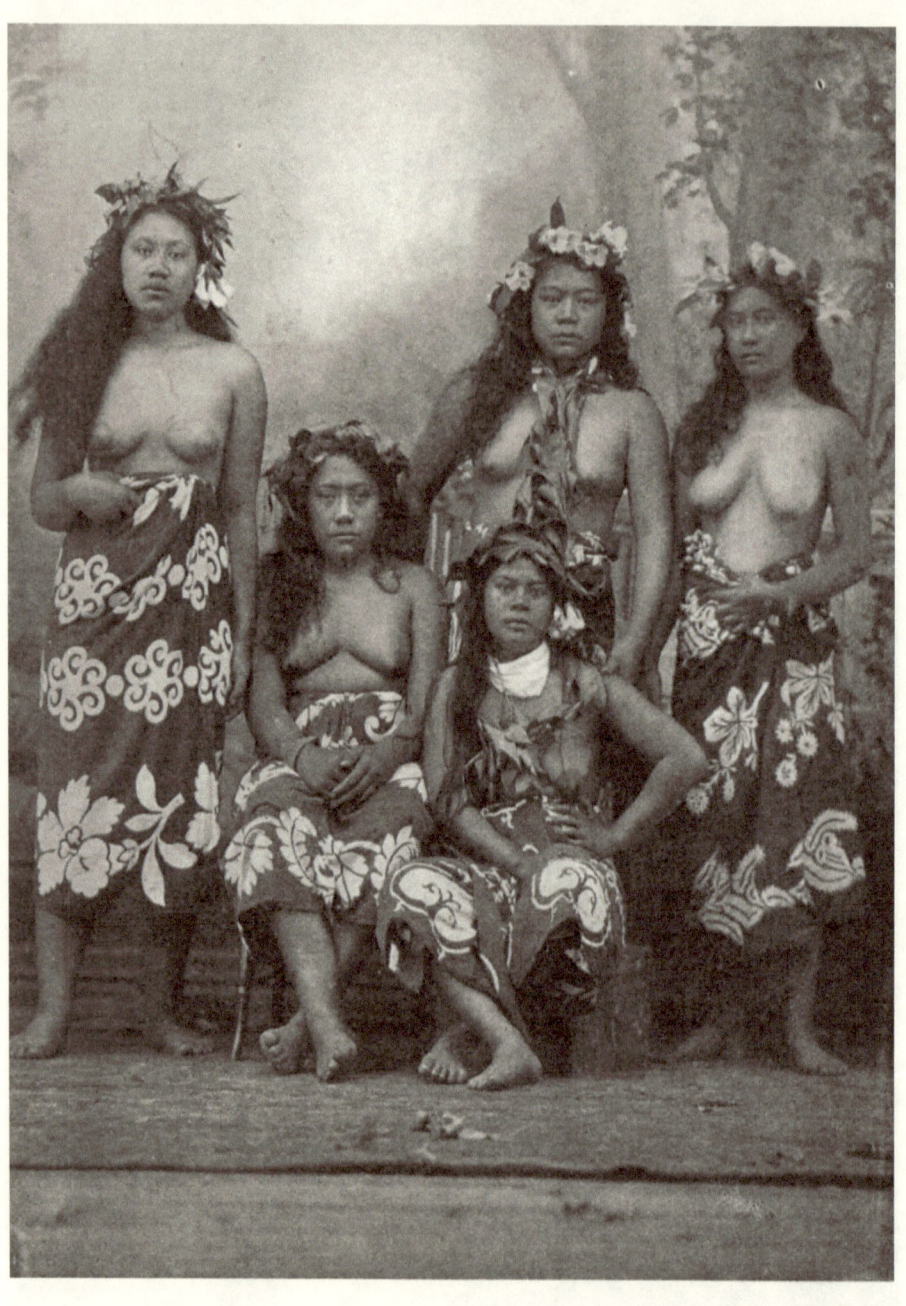

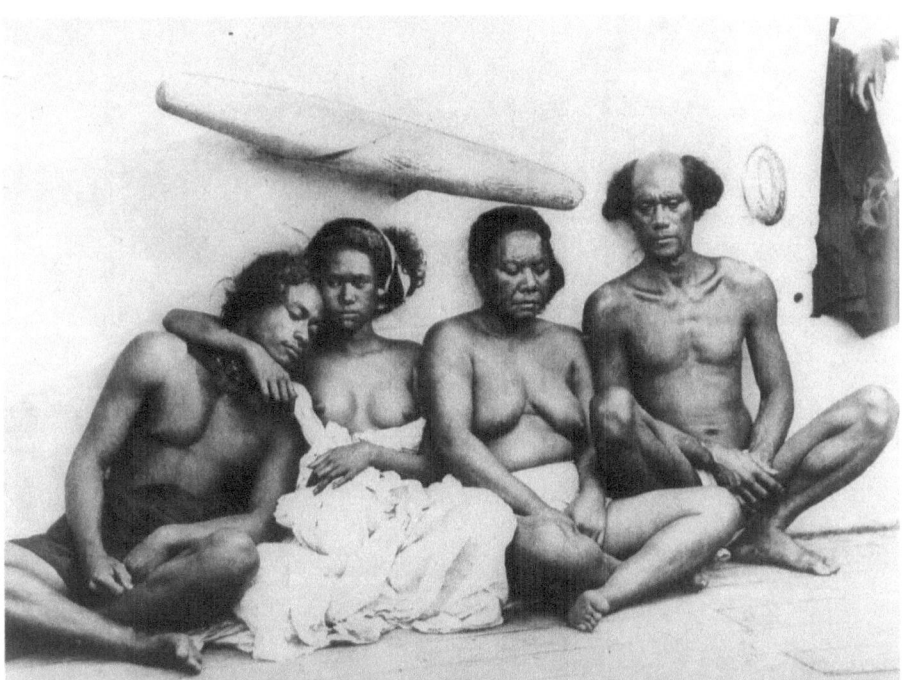

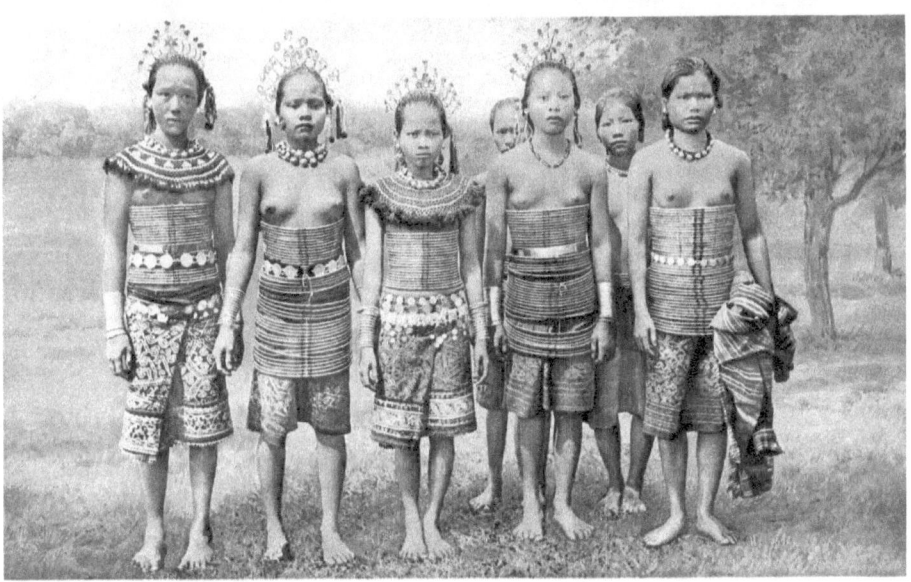

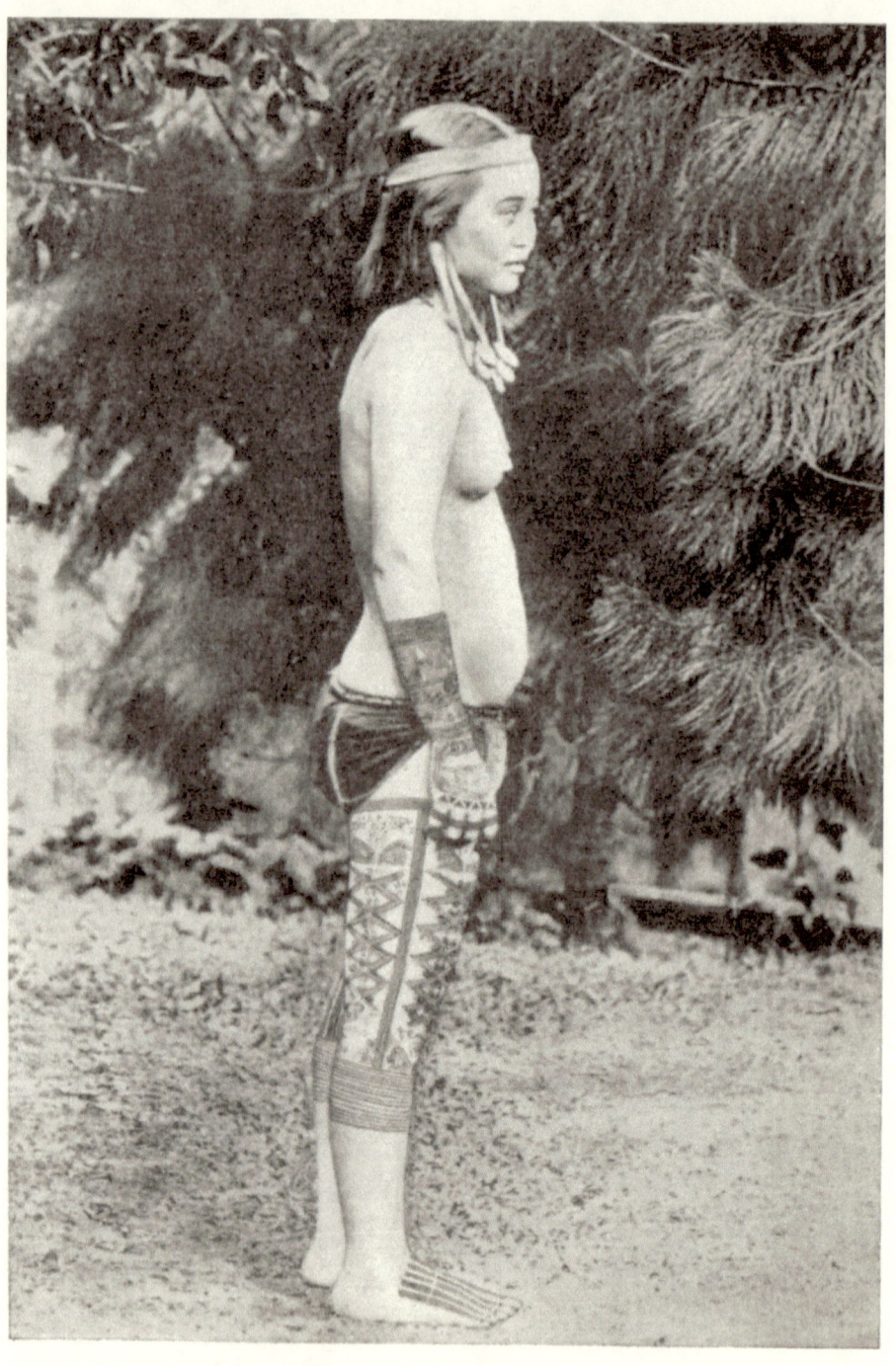

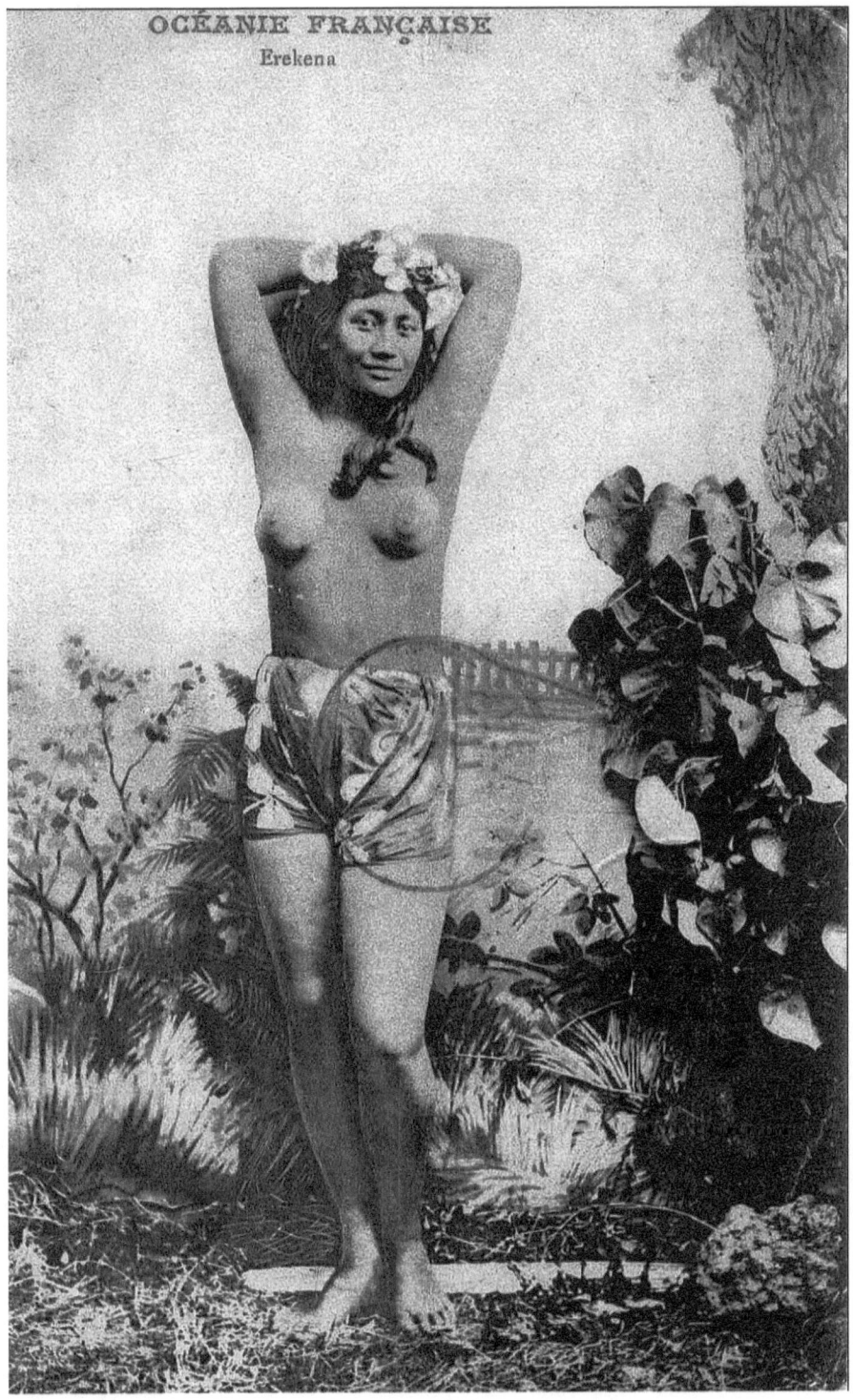

OCÉANIE FRANÇAISE
Erekena

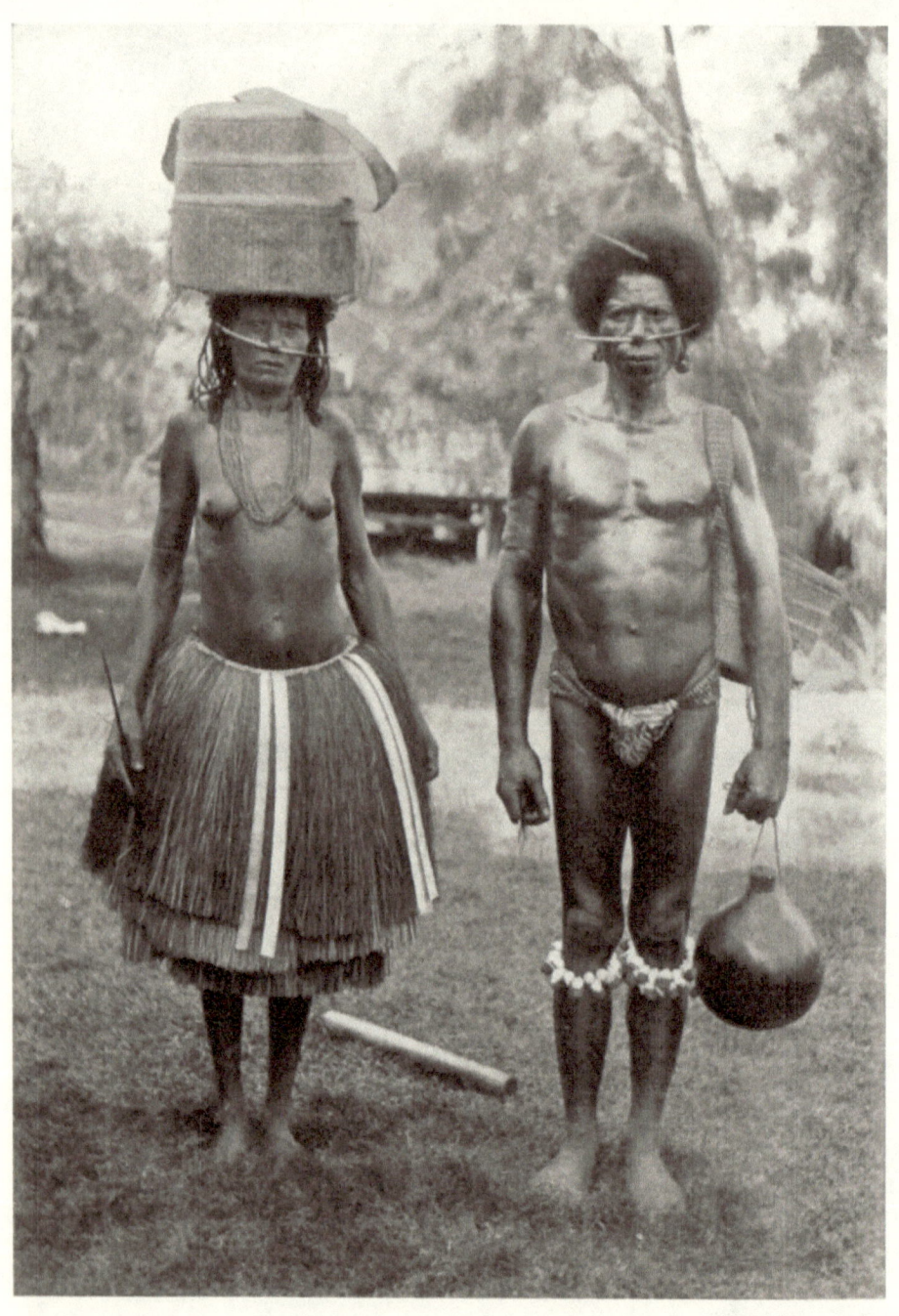

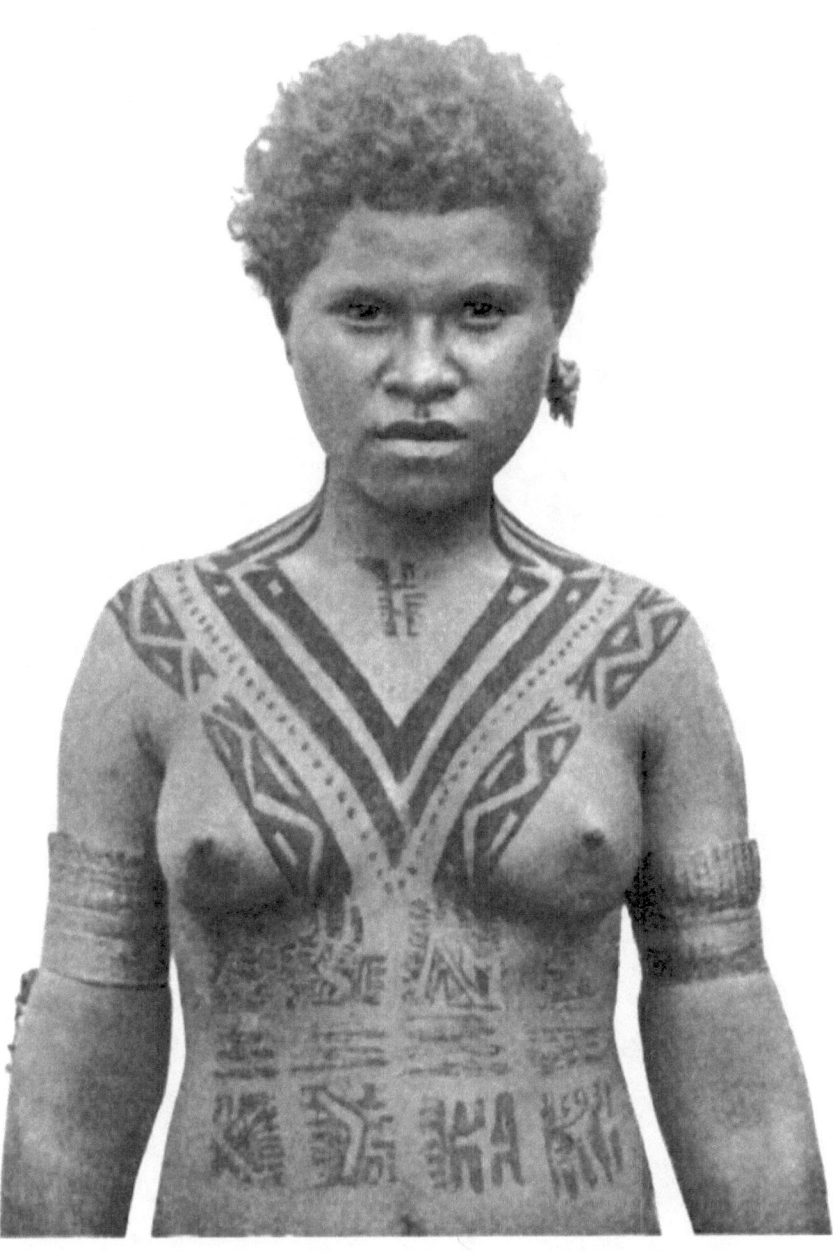

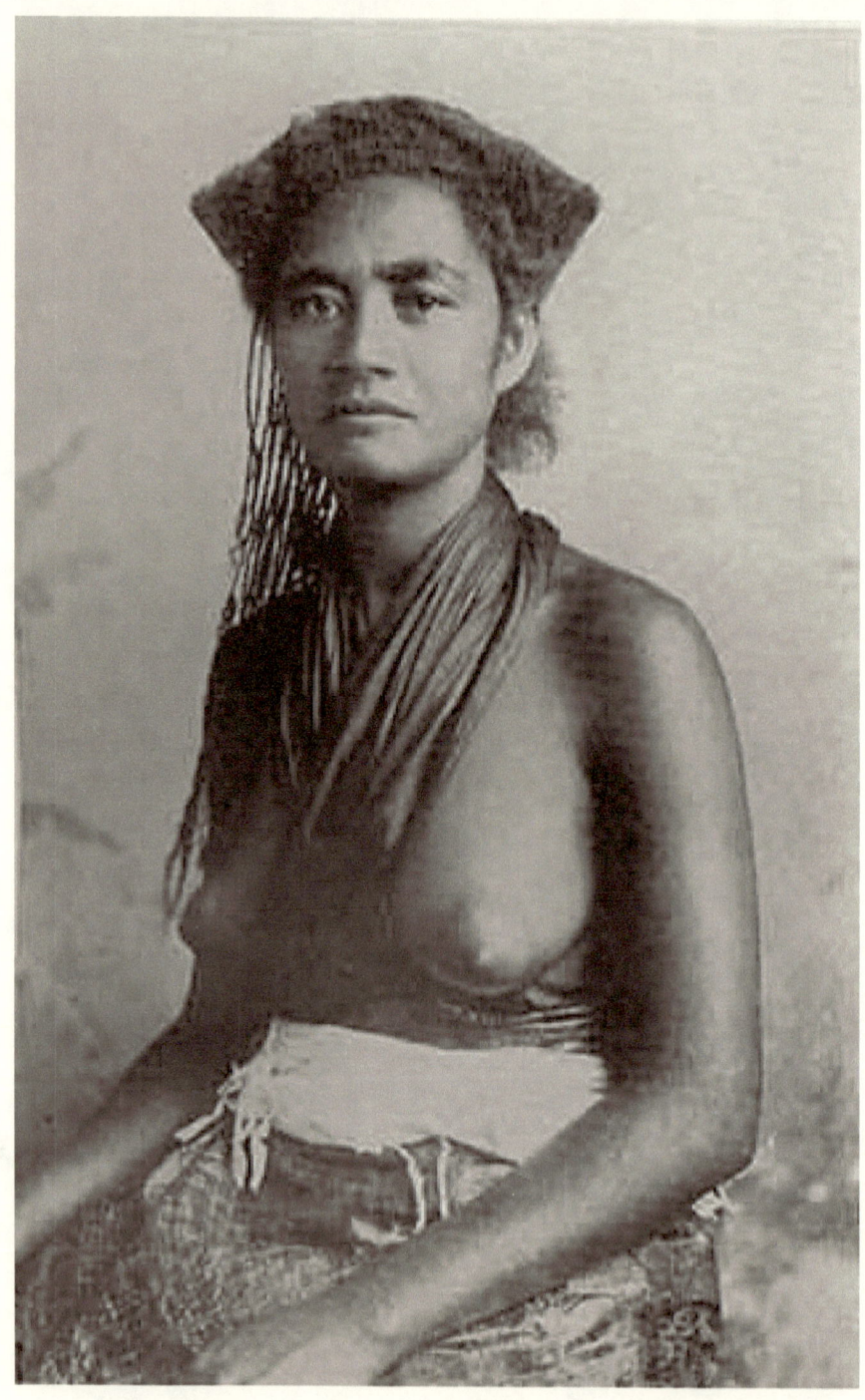

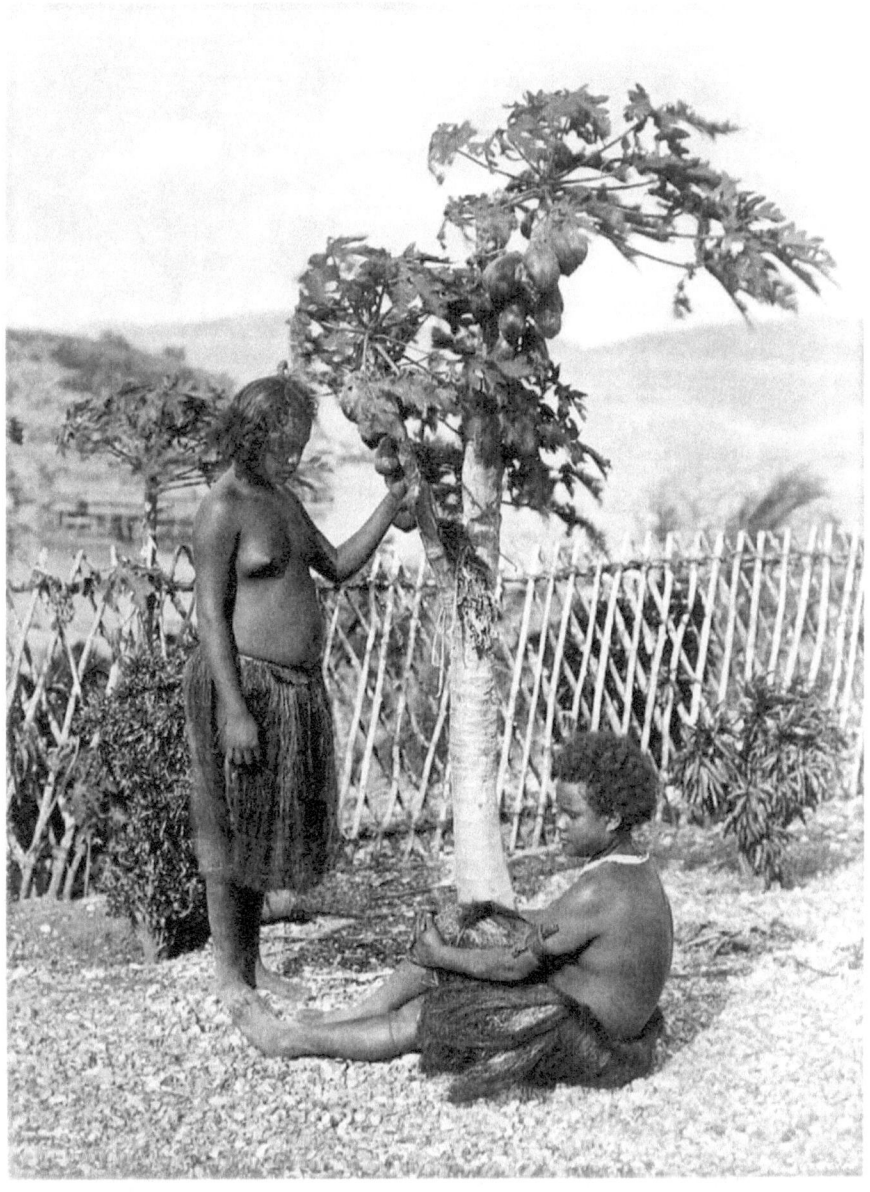

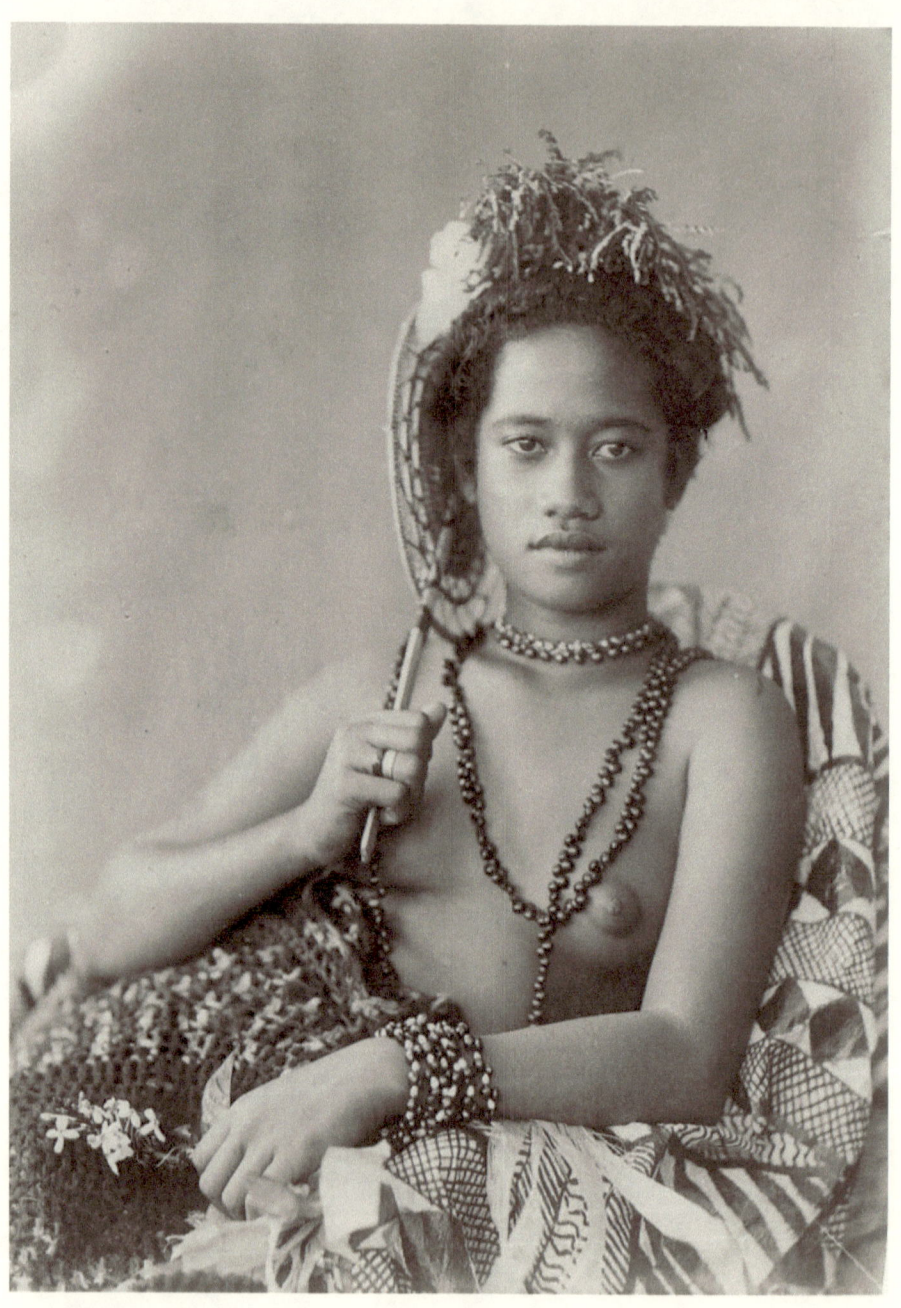

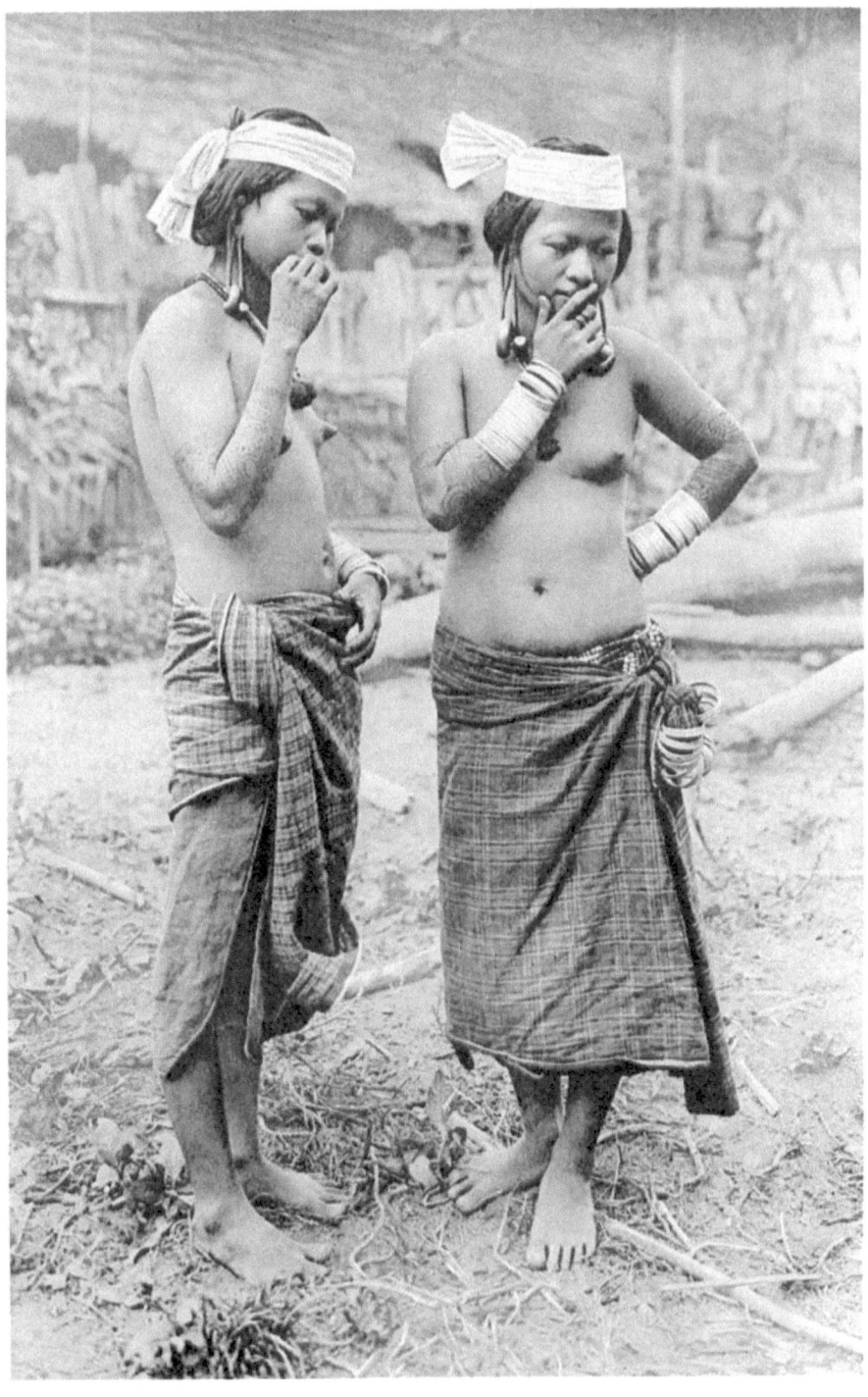

Bilder aus Nord- und Südamerika

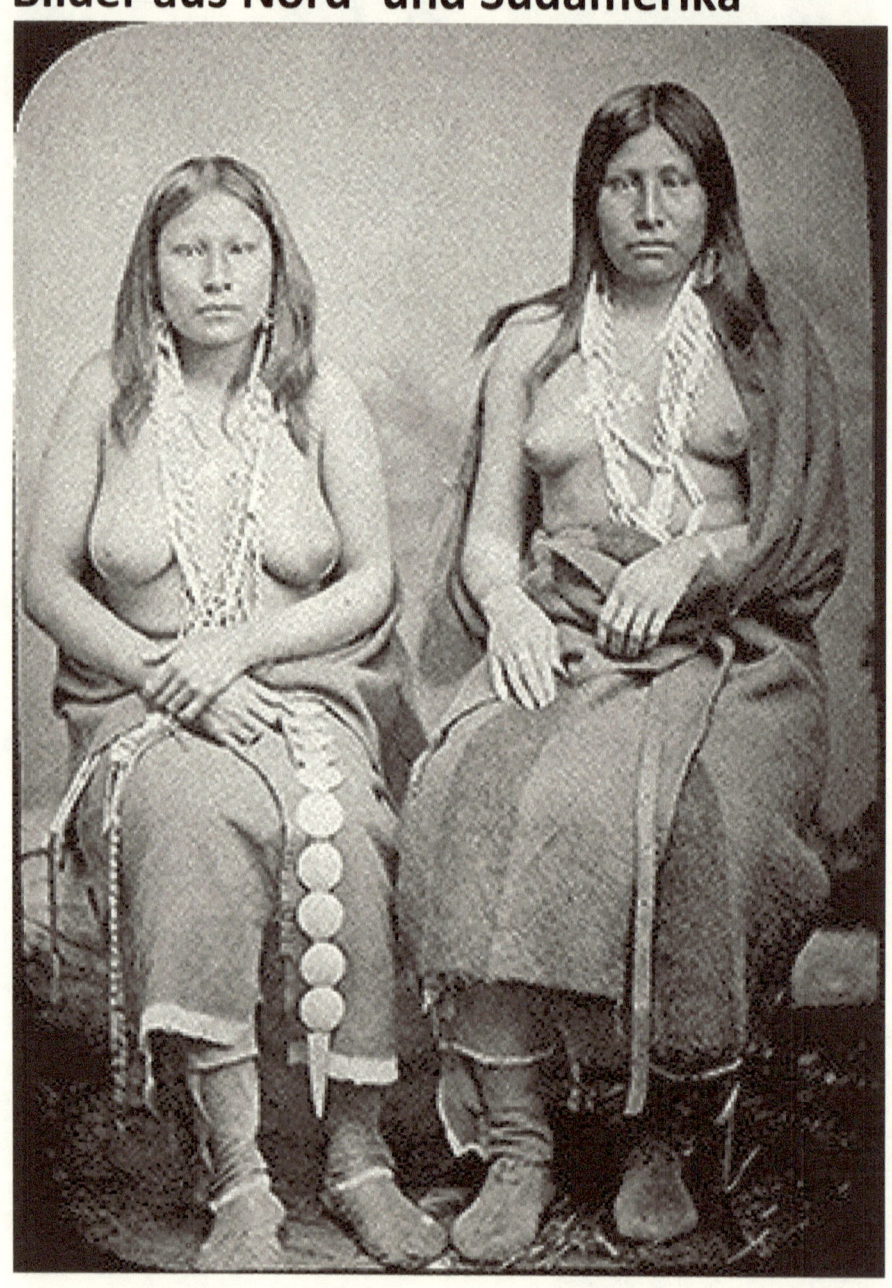

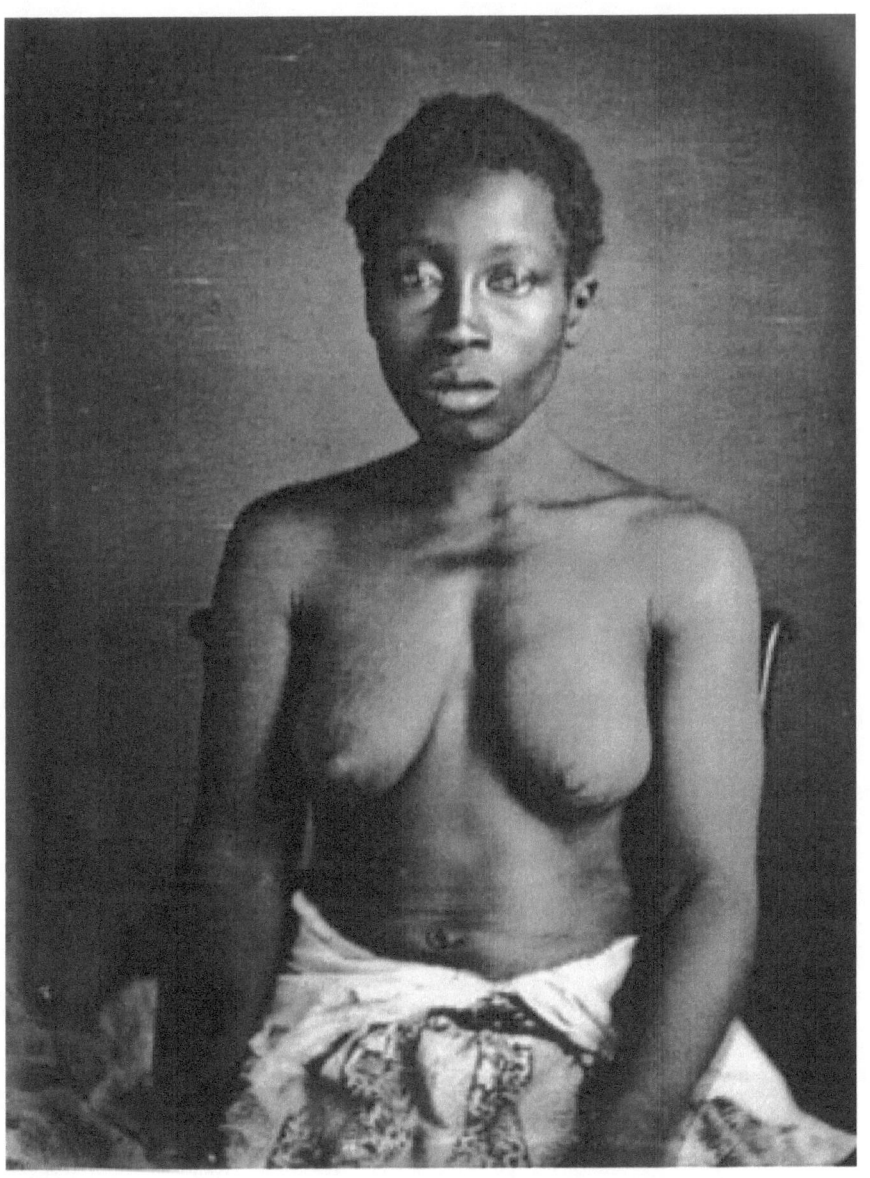

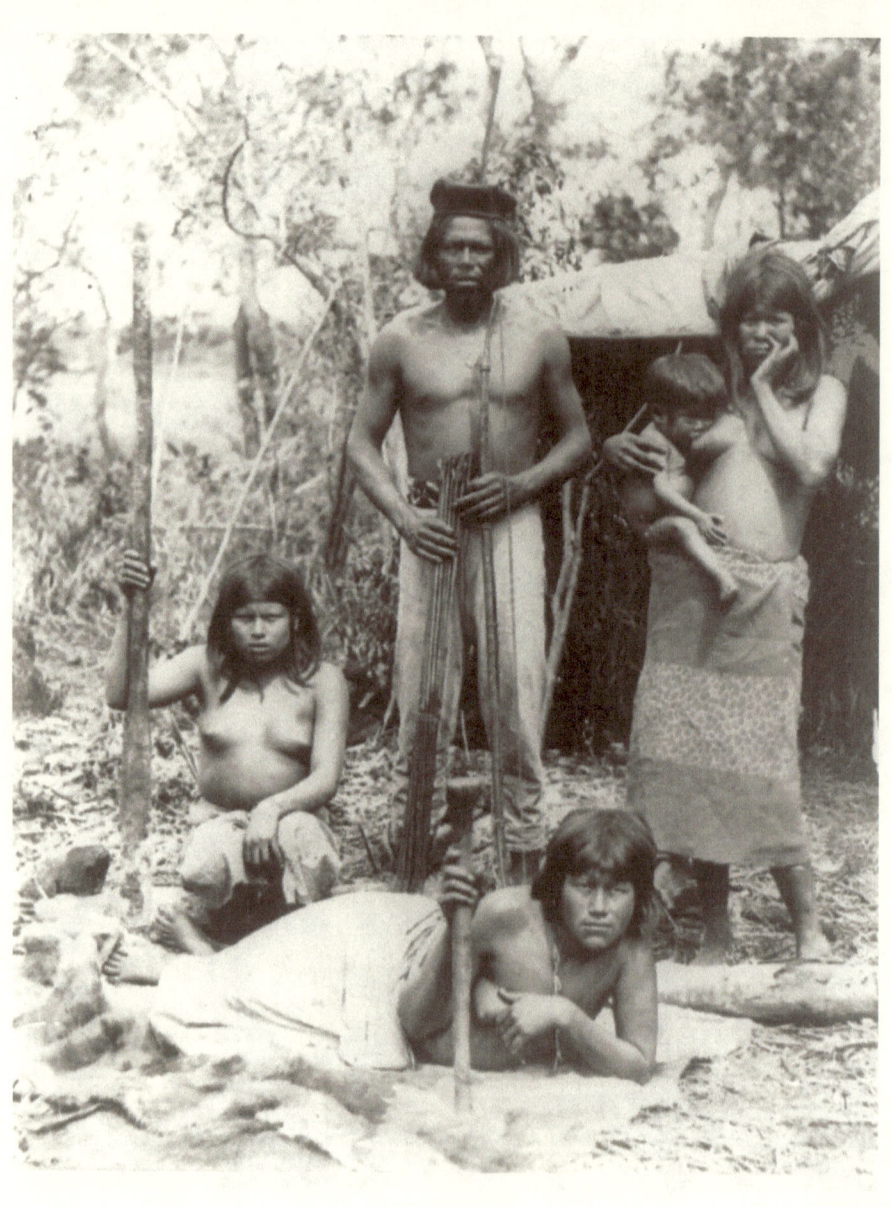

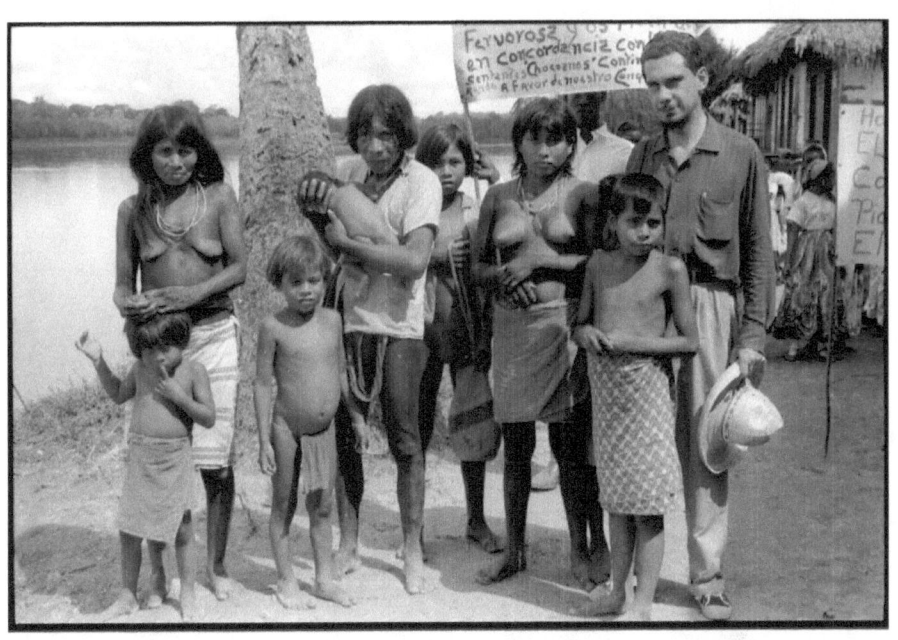

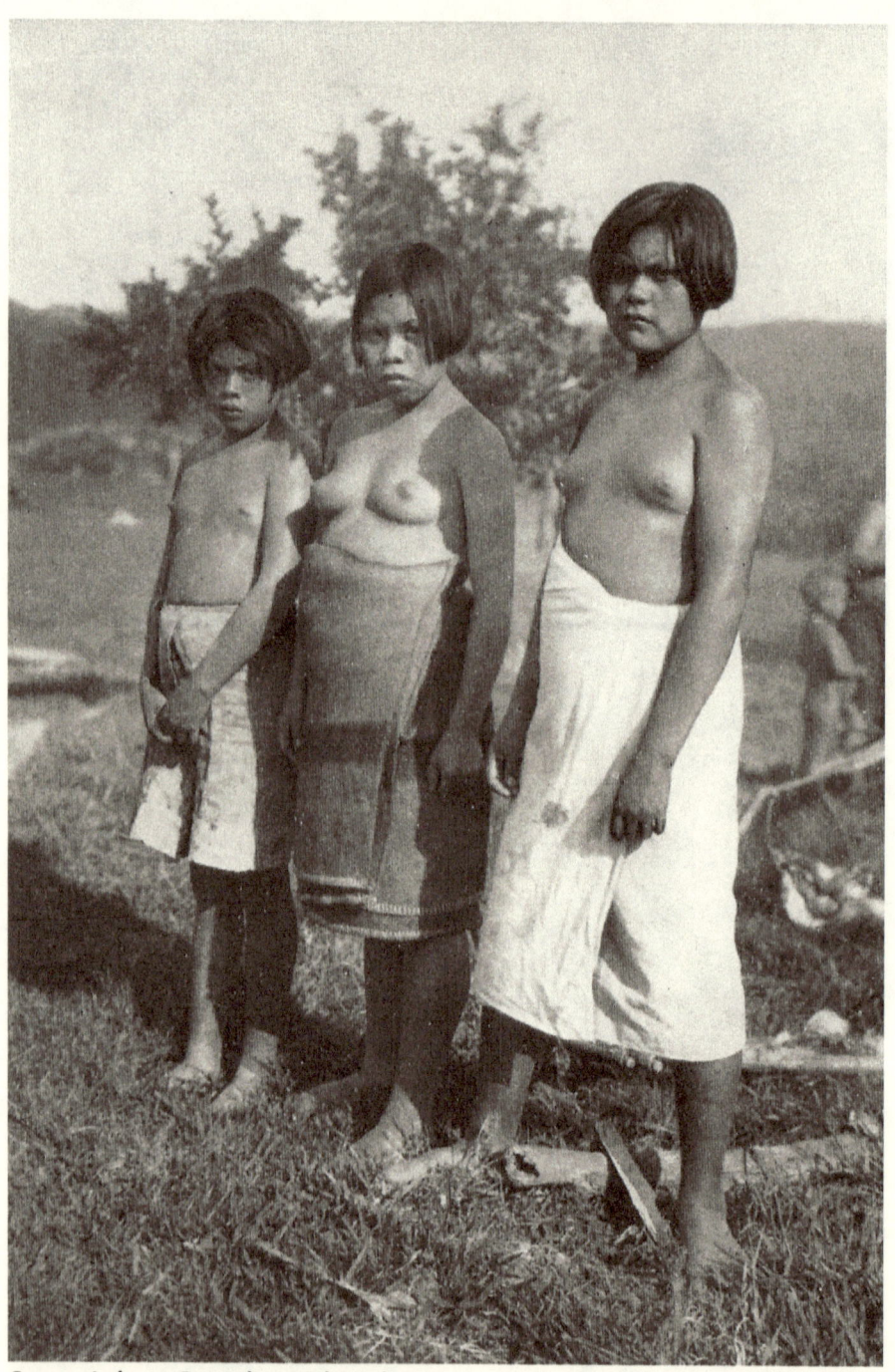

Copyright: Gunther Plüschow